Cicatrizes na Alma

Roberto de Carvalho
pelo Espírito Glorinha

Cicatrizes na Alma

Aliança

1ª edição, 4ª reimpressão, julho/2011, do 19º ao 21º milheiro

Título
Cicatrizes na Alma

Autor
Roberto de Carvalho

Revisão
Arlete Genari

Diagramação
Alline Garcia Bullara

Capa
Antônio Carlos Ventura

Impressão
Cromosete Gráfica e Editora Ltda.

Ficha Catalográfica

Dados Internacionais de Catalogação na Publicação (CIP)
— Câmara Brasileira do Livro | SP | Brasil —

Glorinha (Espírito).
Cicatrizes na alma / pelo espírito Glorinha;
[psicografado por] Roberto de Carvalho.
São Paulo : Editora Aliança, 2010.

ISBN: 978-85-88483-54-5 / 224 páginas

1. Espiritismo 2. Psicografia 3. Romance espírita
I. Carvalho, Roberto de. II. Título.

10-04994 CDD-133.9

Índice para catálogo sistemático:

1. Romance espírita psicografado : Espiritismo 133.9

Editora Aliança
Rua Major Diogo, 511 - Bela Vista - São Paulo - SP
CEP 01324-001 | Tel.:(11) 2105-2600 | Fax: (11) 2105-2626
www.editoraalianca.org.br | editora@editoraalianca.org.br

Sumário

Introdução 7
Preâmbulo 10

Primeira Parte

1. Eu, Adélia 15
2. Ambição 23
3. O golpe 33
4. O suicida 41
5. A proposta 47
6. Cumplicidade 53
7. Traição 57
8. Decepção 61
9. No inferno 67
10. Peregrinação 71
11. O curandeiro 81
12. Fortalecimento 89
13. De volta 97
14. Resgate 107

Segunda Parte

15. Nova jornada 119
16. Reencontros 125
17. Convivências 131
18. Aborto 137
19. Pesadelos 145
20. A amante 151
21. Amor fraterno 159
22. O livro 165
23. Rômulo 175
24. Advertência 181
25. Reaproximação 187
26. Internação 193
27. Cobrança 199
28. Reabilitação 207
29. Epílogo 217

"Ouvistes o que foi dito: Amarás o teu próximo e odiarás teus inimigos. Mas eu vos digo: Amai vossos inimigos, fazei o bem aos que vos odeiam e orai por aqueles que vos perseguem e caluniam. Desse modo vos tornareis filhos de vosso pai que está no céu, porque Ele faz o sol se levantar para os bons e maus, e faz chover sobre justos e injustos".

O Evangelho segundo o Espiritismo
Cap. XII, item 1

Introdução

"Se o amor ao próximo é o princípio da caridade, amar a seus inimigos é sua aplicação sublime, pois essa virtude é uma das maiores vitórias sobre o egoísmo e o orgulho."

O Evangelho segundo o Espiritismo – Cap. XII, item 3

O drama exposto neste romance é fruto de escolhas que, por meio do livre-arbítrio, foram priorizadas e acabaram envolvendo seus principais personagens numa trama de amor, ódio, ciúme e vingança. A relação entre essas pessoas não ocorreu numa única experiência encarnatória.

Sabe-se que a sucessão das existências corporais estabelece entre os Espíritos ligações que remontam às vidas anteriores e que são justamente essas ligações as causas de simpatia ou de antipatia entre pessoas aparentemente estranhas.

A lei da reencarnação existe porque Deus, conhecendo a tendência que o homem possui para as más inclinações, mas, sabendo também da capacidade que ele tem de se superar e de se aperfeiçoar, oferece-lhe oportunidades para o arrependimento e para a reparação das faltas cometidas, durante sua jornada evolutiva, em novas existências corporais.

Ora, para que uma pessoa possa reparar os prejuízos causados a alguém, é necessário que volte a conviver com essa mesma pessoa; por isso há tantos reencontros de almas durante as experiências encarnatórias. Ocorre que, na maioria das vezes, o período de uma única encarnação não é suficiente para que ocorra a reconciliação. Às vezes, é necessário um tempo bem maior para que o estrago moral, causado por atitudes inconsequentes, seja consertado.

É por isso que as mesmas personagens de um drama podem se reencontrar em várias vidas sucessivas, enquanto se busca, com o auxílio dos Espíritos apaziguadores, a dissipação do ódio cultivado durante a livre semeadura.

Mas, conjuntamente à lei da reencarnação, existem outras que lhe completam para que tais reconciliações sejam legítimas. Uma delas é a lei do esquecimento; uma vez revestido de um novo corpo, o indivíduo se esquece das razões pelas quais reencarnou. Assim, todo o bem que ele fizer ocorrerá por suas próprias conquistas morais e não pela imposição de uma consciência pesada. É a partir daí que se pode avaliar a capacidade de amar e perdoar aos inimigos, ação que Jesus apregoou como a maior prova de evolução moral do homem.

É por causa da lei do esquecimento que muitos sucumbem às fraquezas morais e voltam a repetir os mesmos erros do passado, deixando-os aflorar em si, e se submetendo às mesmas viciações que, semiadormecidas em sua natureza, esperam apenas o momento propício para a eclosão. A pessoa não se recorda dos erros que cometeu no passado, não se lembra dos inimigos que granjeou, nem dos sofrimentos que experimentou, mas carrega em seu íntimo as impressões deixadas por essas experiências de vida, como se fossem cicatrizes geradas na própria alma.

Para a colheita obrigatória da livre semeadura, é necessário que tais inimigos voltem a partilhar suas convivências. Daí, explicam-se os conflitos familiares, as tumultuadas relações entre pessoas que nasceram no mesmo lar ou que acabaram juntas por meio de relações profissionais, convivências sociais, matrimônios, adoções, etc. São pessoas que contraíram dívidas morais, que se odeiam, que precisam se perdoar e que, muitas vezes, pediram a oportunidade dessa convivência.

A lei da reencarnação não é um castigo imposto às pessoas que se ofenderam, mas um presente divino oferecido, para que, por intermédio do perdão e do amor incondicional, o homem se supere e se eleve às esferas dos Espíritos felizes.

No entanto, devido às imperfeições do homem, é natural que ocorram recaídas durante os complicados processos de reconciliação. Esses deslizes atrasam sobremodo a evolução e estendem os padecimentos do Espírito devedor, que permanece na "prisão" dos endividados morais.

Mas, em se tratando de aprendizagem, nada é desperdiçado. Toda experiência de vida é aproveitável. Se não o for como adiantamento moral, será como fonte de reflexão e do despertar do arrependimento que sempre antecede a reparação.

O autor material

Preâmbulo

"Todos os sofrimentos: misérias, decepções, dores físicas, perdas de entes queridos, todos têm sua consolação com a fé no porvir e com a confiança na justiça de Deus, que o Cristo veio ensinar aos homens. Àquele, ao contrário, que não espera nada depois desta vida, ou que duvida simplesmente, as aflições pressionam com todo o seu peso, e nenhuma esperança vem amenizar a amargura. Eis o que levou Jesus a dizer: Vinde a mim todos vós que estais fatigados, e eu vos aliviarei."

O Evangelho segundo o Espiritismo – Cap. VI, item 2

Não sei exatamente há quanto tempo estou recolhida a esta colônia espiritual. Aqui, as horas e os dias transcorrem de modo bem diferente de quando eu me encontrava na Terra. Mas, eu não estou preocupada com isso. Preocupo-me apenas em conservar elevados os meus pensamentos; em armazenar em meu coração os sentimentos mais nobres e manter com Deus uma comunhão de paz, de fé e esperança no futuro; atributo que, em minha última encarnação, aprendi a cultivar.

Aqui, eu posso contar com o auxílio providencial de uma equipe de servidores que não mede esforços para me manter em equilíbrio. São pessoas extremamente carinhosas, que se doam gratuitamente, sem nada exigirem em troca, dando-me a certeza de que o ser humano pode ser muito útil, quando se propõe.

Ainda me sinto fraca, esgotada, mas percebo que, aos poucos, vou recuperando minhas energias. Esses novos amigos que encontrei aqui dizem sempre para eu não me precipitar, para não me preocupar com o tempo que demorarei em minha total recuperação. É por isso que eu procuro me manter calma, sem cobrar de mim mesma um ritmo impossível de ser alcançado neste momento.

Às vezes, sou acometida de uma sonolência inevitável e durmo sossegadamente, sem que ninguém apareça para interromper o meu sono. Outras vezes, recebo a visita dos benfeitores que vêm conversar comigo, esclarecer minhas dúvidas, mostrarem-me as causas das coisas que aconteceram. E são visitações tão sutis, que eu não consigo sequer distinguir se ocorrem enquanto estou acordada ou durante o sono. Mas isso não tem a menor importância, pois, de qualquer modo, esses momentos são muito esclarecedores para mim e é por causa deles que minha alma anda mais sossegada.

Com o tempo, vou vencendo a confusão mental que me envolveu, após meu desencarne. Vou me lembrando de tudo, buscando antigas reminiscências e, como se fosse a montagem de um enorme quebra-cabeças, as peças vão se encaixando e formando o painel vivo de minha própria existência. Por intermédio das relembranças, vou compreendendo o funcionamento da aplicação das leis universais e chego à conclusão de que somos nós mesmos os verdadeiros responsáveis pelos sofrimentos que enfrentamos.

É assim que tenho me mantido neste recanto de paz e tranquilidade. O silêncio das horas embala o meu sono. O amor, generosamente ofertado pelos amigos que aqui encontrei, aquece minha alma e os esclarecimentos que eles me dão desanuviam as dúvidas de minha mente; descerram o véu do esquecimento que me havia sido imposto pela suprema benevolência do Criador e me expõem a razão dos acontecimentos que, em alguns momentos, confesso que me pareceram obscuros e injustos.

Não há um só momento que eu não me lembre de agradecer a Deus pelas oportunidades que me foram concedidas, para conviver com os meus desafetos e, dentro das possibilidades, reconciliar-me com alguns deles.

Não há um só dia que eu deixe de erguer meus olhos para os céus e, em prece, mostrar ao Pai toda a minha gratidão e o imenso amor que aprendi a nutrir por Ele.

Glorinha

Primeira Parte

Capítulo 1

Eu, Adélia

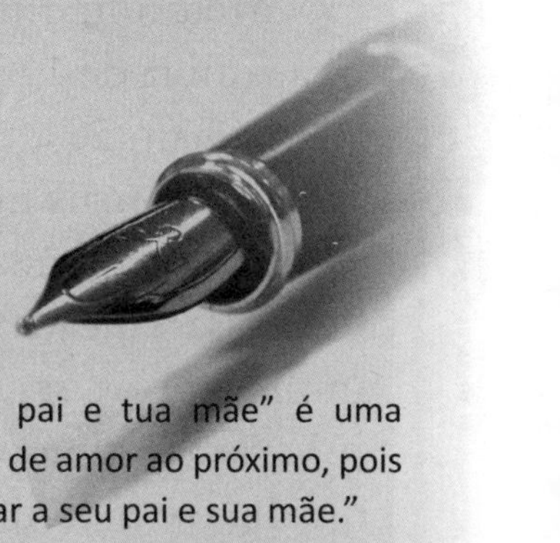

"O mandamento "Honra teu pai e tua mãe" é uma consequência da lei geral da caridade e de amor ao próximo, pois não se pode amar ao próximo sem amar a seu pai e sua mãe."

O Evangelho segundo o Espiritismo – Cap. XIV, item 3

As primeiras lembranças que me vieram à mente, com o auxílio dos benfeitores espirituais que me prestaram assistência, mostraram fatos ocorridos em meados do século XIX, numa pequena cidade do sudeste do Brasil, em minha penúltima experiência corpórea. Eu era uma moça muito bonita, mas extremamente ambiciosa. Essa existência na matéria havia sido precedida de outra, ocorrida na Europa, que me permitira possuir riquezas e poder, mas eu deixara de cumprir compromissos de caridade assumidos para aquela encarnação. Portanto, agora, era necessária uma experiência contrária àquela. Dessa vez, minha provação seria por meio da pobreza, da humildade e da resignação.

Por isso, nasci em lar muito humilde, sem qualquer recurso financeiro. Meu pai era lavrador e prestava serviços às propriedades rurais numa região onde os recursos materiais se dividiam entre poucos homens extremamente ricos e muitos extremamente pobres.

Meu nome era Adélia, eu era a filha mais velha numa família de 12 irmãos e muito cedo precisei dividir com minha mãe a responsabilidade de cuidar da casa e das crianças mais novas. Mas aquelas tarefas me deixavam muito revoltada. Eu não me conformava em ter uma vida tão sacrificada e vivia reclamando com meus pais, humilhando-os, sem o menor sentimento de compreensão. Vivia agredindo os meus irmãos, descontando neles a revolta e o inconformismo que fervilhavam dentro de mim. Apenas com mamãe eu conseguia manter um diálogo um pouco mais sereno, embora nunca desprovido de menosprezo e sarcasmo.

— Diacho de vida! — gritava, toda vez que precisava realizar uma tarefa doméstica. — Não sei por que a gente vem ao mundo para ficar num martírio desses! Não sei para que gente pobre inventa de casar e fazer filhos, só para ficarem sofrendo nesta vida miserável.

E minha mãe, alma boa e equilibrada, procurava me acalmar:

— Filha, não diga essas coisas! A vida é um presente que Deus nos concede. Em vez de reclamar, devemos agradecer por essa dádiva...

— Agradecer? Ora, mãe, deixa de ser ridícula! Só se eu estivesse louca para agradecer pelo pai fracassado e por esta penca de fedelhos encardidos que me foram dados como família. Não quero esta vida, mãe! Deixe estar que logo dou um jeito de me livrar desse castigo.

Mamãe sabia que eu estava me referindo a arranjar logo um marido, de preferência rico, para deixar a casa paterna, e se preocupava, pois sabia que eu era jovem demais para andar tecendo tais projetos.

— Não precipite os acontecimentos, Adélia! Deixe o tempo se encarregar de colocar as coisas em seus devidos lugares. Garanto a você que há muita gente no mundo que agradeceria a Deus todos os dias, se possuísse este pouco que você possui.

— Pois, se são assim tão miseráveis, eu daria de bom grado a eles esta vidinha medíocre e esta família arruinada. Queria ver por quanto tempo suportariam — e ria com deboche ao fazer tais comentários.

Mamãe recebia cada palavra minha como se fosse uma punhalada em seu coração. Procurava, apesar da escassez de recursos, satisfazer as vontades da filha exigente, oferecendo-me um tratamento diferenciado do que oferecia aos outros filhos, comprando calçados e tecidos razoavelmente caros para a confecção de minhas roupas.

Tais despesas faziam aumentar ainda mais o aperto financeiro da família, que vivia com a minguada renda que meu pai conseguia como lavrador. Mas nada disso era reconhecido por mim, que queria sempre mais, não reconhecendo o esforço sobre-humano que era feito com o intuito de me agradar.

Cansada daquela rotina que considerava maçante e tediosa, aos 15 anos de idade, decidi que deveria mesmo me casar, achando que o casamento me livraria daquele pesado fardo. Avaliei os possíveis pretendentes e concluí, com certo desgosto, que o único que se aproximava um pouco das minhas pretensões era o Francisco, um rapaz de vinte e poucos anos, que havia herdado um pequeno comércio do pai; uma casa de secos e molhados onde havia um movimento relativamente bom.

Francisco sempre expusera a honesta intenção de se aproximar de mim para um compromisso sério. Algumas poucas vezes em que tivera a oportunidade, fizera-o com muito jeito, cheio de cuidados e mimos.

— Quando você tiver idade de namorar, me dá a preferência? — perguntava ele, com a face afogueada e a voz trêmula pela timidez.

Francisco, apesar de mais velho que eu, era extremamente ingênuo. Essas perguntas passaram a ser dirigidas a mim, desde que eu completara 13 anos de idade e não havia qualquer resquício de malícia nas palavras do rapaz. Ele realmente se sentia muito atraído por mim e os seus sentimentos eram honestos e sinceros.

Eu apenas sorria, um riso enigmático que tanto poderia significar um "sim" como um "tire o cavalinho da chuva". Mas era justamente este sorriso indecifrável que não deixava o rapaz desistir da investida.

A loja do pai de Francisco ficava em frente ao colégio onde eu estudava. Ele acompanhara o meu desenvolvimento físico com um interesse incomum. Vira-me crescer e embelezar a cada dia, com meus cabelos castanhos, meu corpo esguio e um par de olhos grandes, amendoados e envolventes que projetavam um halo de mistério, que ao mesmo tempo assustava e fascinava o jovem comerciante.

Francisco era filho único e, no espaço de um ano, quando contava 19 anos de idade, sofrera duas grandes perdas em sua vida. A mãe morrera, vítima de uma grave pneumonia, e três meses após a morte da genitora, morreu o pai, por causa de um infarto fulminante.

Tendo ficado praticamente sozinho no mundo, ele herdou o pequeno comércio e uma casa modesta no centro da cidade onde nascera. Inicialmente, ficou desnorteado. Pensou em vender os bens e cair na estrada, pois não suportava ocupar solitariamente o mesmo espaço que dividira com os genitores e cujas ausências quase o matavam de saudade.

Mas, foi justamente por essa ocasião, que eu comecei a lhe dar claros sinais de interesse e, aos poucos, a dubiedade do meu olhar começou a refletir uma réstia de luz que sugeria receptividade. Assim, uma renovada esperança fez com que Francisco reconsiderasse o projeto de deixar o município.

Um dia, entrei na loja com a desculpa de comprar qualquer coisa e lancei sobre o rapaz um olhar tão penetrante, que não deixou qualquer dúvida sobre as minhas intenções.

Francisco, desajeitado, aproximou-se de mim e quis repetir a velha e desgastada frase:

— Se um dia você resolver namorar...

Mas eu não o deixei terminar.

— Vai ter que pedir aos meus pais — respondi, incisivamente. E fui embora sem olhar para trás.

Francisco ficou com o coração aos saltos. Mil projetos lhe passaram pela cabeça naquele momento e ele se sentiu à frente de um iluminado portal que o conduziria ao paraíso. Imaginou a vida feliz que teria ao meu lado, pensou nos filhos que nossa união traria, e mal conseguiu se conter, esperando o momento oportuno de ir falar com os meus pais.

Assim, naquela mesma noite, ele foi à minha casa e, trêmulo e inseguro, me pediu em namoro.

O pedido foi aceito com muito gosto por meus pais, afinal, Francisco era um rapaz muito querido na cidade. Um moço educado, trabalhador e honesto.

O namoro não durou muito tempo, pois seis meses depois, já estávamos com tudo preparado para o casamento. Para Francisco, aquela união representava a concretização de um sonho de amor, a formação de um lar, de uma família. Mas, para mim, era apenas uma válvula de escape, por onde buscava fugir das obrigações domésticas da casa de meus pais. No fundo do coração, eu até sentia uma certa atração pelo noivo, gostava de ouvi-lo falar, curtia os seus carinhos e me regozijava com os pequenos agrados que Francisco me fazia, mas entendia que aquilo estava muito distante de representar amor.

Ainda assim, no dia do casamento, eu estava tão entusiasmada quanto ele. Após a cerimônia, enquanto minha mãe chorava de emoção e me abraçava entre soluços para se despedir, sussurrei em seu ouvido:

— Ainda bem que estou livre daquela pobreza! Nunca mais volto a pôr os pés naquela espelunca que vocês insistem em chamar de casa.

E fui embora com ar de soberba, indiferente à imensa tristeza que essas palavras provocaram em minha genitora.

Capítulo 2

Ambição

"Portanto, se sentis vossa alma dominada pelas cobiças da carne, tendes pressa em vos libertar do jugo que vos oprime."

O Evangelho segundo o Espiritismo – Cap. XVI, item 11

No início da nova vida, achei tudo muito divertido. A experiência de viver numa casa independente e quase sem afazeres me foi bastante agradável. Meu marido saía cedo para o trabalho e só voltava no início da noite. Longe dos irmãos, tinha o dia inteirinho só para mim. Dormia até ficar com o corpo dolorido e não me preocupava com nada, pois sabia que podia contar com Francisco para tudo, inclusive para fazer as tarefas domésticas que a preguiça não me deixava realizar.

Ele fazia tudo sem reclamar, pois não gostava de me ver contrariada. Eu abusava dos sentimentos do meu marido, achando que ele não estava fazendo mais do que a obrigação. Afinal, eu me achava muito bonita e especial demais para ele.

Com o passar do tempo, comecei a perceber que financeiramente não havia tanta diferença entre viver com Francisco, ou na casa de meus pais. Afinal, os rendimentos da loja não eram lá essas coisas e, embora o pequeno comércio não desse prejuízo, estava muito longe de ser a fonte de rendas que eu havia suposto.

Eu sonhava em possuir joias, vestidos caros, morar numa casa melhor que aquela... Ou seja, meu inconsciente sentia falta dos privilégios auferidos na existência anterior e que me haviam sido confiscados pelo mau uso. Muito cedo, notei que, se não houvesse uma grande reviravolta em minha vida, eu estaria fadada a ser a pobre esposa de um comerciante medíocre até o fim dos meus dias.

Assim, passei a perturbar Francisco, exigindo que ele tomasse alguma iniciativa no sentido de me oferecer conforto. Para convencê-lo, eu mostrava o exemplo de algumas amigas que, em termos de casamento, haviam obtido melhor sorte. E fazia questão de humilhá-lo:

—Vê o casarão que o marido da Lúcia construiu? E com que vestidos lindos a Mercedes desfila por aí? E eu, morando nesta tapera, andando com estes trapos... — exagerava por pura maldade.

E suspirava pelos cantos, inserindo na alma do pobre homem um desconforto imenso. Eu sabia que ele se desesperava com as minhas cobranças, mas não me importava. Ao contrário, era exatamente esse o meu objetivo. Queria forçá-lo a tomar uma atitude e sabia que, quanto mais o espezinhasse, mais cedo ele trataria de fazer alguma coisa.

Francisco começou a se preocupar imensamente, pois morria de medo de que eu, por insatisfação, o abandonasse. Tornou-se triste e macambúzio, pois não bastasse o conflito que estava vivendo, a inauguração de uma loja concorrente fez diminuir ainda mais o seu já minguado rendimento. Assim, para grande desespero, quanto mais eu o perturbava exigindo regalias, menos dinheiro ele via entrar no caixa da loja.

Um dia, após eu haver proferido mais alguns desaforos que o deixou completamente arrasado, Francisco acabou desabafando com um amigo sobre o dilema que estava enfrentando.

— Não sei mais como agradar a minha esposa. Faço o maior sacrifício para dar a ela tudo o que posso, mas ela nunca está satisfeita. Vive me humilhando, exigindo cada vez mais, chamando-me de fracassado...

O amigo, que gostava muito do Francisco, procurou aconselhá-lo, mas percebeu que não havia muito que fazer. Meu marido era extremamente apaixonado e, apesar de estar se queixando de mim, não aceitaria qualquer crítica sobre o meu comportamento.

— Casei com a mulher que amo — continuou ele em seu desabafo. — Queria ter filhos com ela, fazê-la feliz... Mas, a situação está tão delicada, que nem vida íntima nós temos mais. É uma forma que Adélia encontrou de me castigar por não ser o homem bem-sucedido que ela queria ter como esposo.

— Não seria o caso de você procurar outro rumo na vida? — sugeriu o amigo.

— Como assim, outro rumo?

— Talvez você não tenha nascido para ser comerciante. Por que não tenta outra atividade?

— Não tenho a menor ideia sobre o que fazer. Trabalhei atrás do balcão a vida toda com o meu pai. Não sei fazer outra coisa.

Então, o amigo apoiou a mão em seu ombro e sugeriu:

— Que tal o garimpo?

— Garimpo? Que garimpo?

— Olha, Francisco, tem muita gente fazendo fortuna com o garimpo de ouro. Tem uma turma organizando-se para partir em breve. Vão para uma região onde, recentemente, foram descobertas umas fontes maravilhosas. É um trabalho duro, sacrificante, mas que tem valido a pena, porque muitos voltam de lá com a vida ganha.

— Está sugerindo que eu vá com eles?

— Acho que pode ser a solução para os seus problemas.

— De modo algum! Jamais deixaria Adélia sozinha para ir me aventurar atrás de ouro. Além do mais, ela não…

Francisco ia dizer que eu não concordaria, mas ao se lembrar da minha personalidade ambiciosa, mudou de ideia.

— Será só por um tempo. Quando voltar, você poderá oferecer o conforto que sua esposa tanto quer e, quem sabe assim, não salva o seu casamento? — insistiu o amigo.

— Não sei, não... — murmurou Francisco.

— Olha, é você que está dizendo que o seu casamento está por um fio. Não está afirmando que pode perder a Adélia, por falta de recursos? Não seria melhor se afastar dela por um tempo e depois garantir a relação para o resto da vida?

E, como Francisco silenciasse, o outro se levantou e disse antes de se retirar:

— Pense nisto. Talvez a sua grande sorte esteja lhe esperando em algum lugar.

Ao ficar sozinho, Francisco pesou as palavras do amigo. Ele não estava totalmente errado, talvez aquela fosse a única solução viável para salvar o nosso casamento. O comércio já estava praticamente falido e ele não via a menor possibilidade de conseguir uma ocupação rentável em qualquer outro ofício.

Francisco voltou para casa com aquela ideia amadurecendo em sua mente e, durante mais um dos meus ataques de reclamação, ele falou sobre a conversa que tivera com seu amigo.

— Pode ser a nossa grande chance — disse ele, após me contar os detalhes da conversa. — Precisaremos nos separar por uns tempos, mas, quando eu voltar, poderemos estar ricos, muito ricos!

No fundo, esperava que eu tivesse uma reação negativa quanto à sua partida. Queria muito que eu pedisse a ele que não me deixasse, que vivêssemos com o pouco que possuíamos, mas que não nos separássemos em função daquilo.

Porém, para nova decepção do meu marido, a minha reação foi bem outra. Com os olhos brilhando de euforia, abracei-o e, pela primeira vez desde que havíamos nos casado, dirigi-lhe palavras elogiosas.

— Oh, meu querido! Eu sabia que podia contar com você para sairmos desta pobreza! Eu não estava errada ao escolhê-lo para marido, pois você não é um homem acomodado como a maioria que vemos por aí.

Francisco retribuiu àquele abraço com uma dor imensa em seu peito, pois sabia que agora não havia mais retorno. Se não partisse em busca do ouro, perderia de vez o pouco de respeito que eu ainda lhe devotava. A sorte estava lançada e nada mais poderia ser feito a não ser seguir o caminho que o destino lhe indicava.

Assim, algum tempo depois, Francisco partiu com o grupo de aventureiros para a região do garimpo. Havia desfeito o comércio e deixara uma provisão razoável para que eu me mantivesse por um bom tempo.

Para não ficar sozinha, por insistência de Francisco, levei um dos meus irmãos para me fazer companhia. Todas as noites sonhava com a volta do meu marido, cobrindo-me de joias e roupas elegantes e me levando para viver numa mansão. Ao acordar no leito humilde de meu lar, eu era sempre assaltada pela ansiedade de que ele retornasse logo para realizar os meus caprichos.

Mas, o tempo foi passando de um modo bem mais lento que eu esperava. Durante um ano aguardei, em vão, sem conseguir obter qualquer notícia de Francisco. Comecei a me preocupar, porque as provisões por ele deixadas estavam se escasseando. Passei a sentir uma grande saudade do meu esposo e, algumas vezes, acordei chorando no meio da noite. As madrugadas insones e solitárias começaram a me incomodar o coração, e o desejo de que Francisco voltasse logo para casa falava agora mais alto que a vontade de enriquecer.

Como não houvesse mais meios de sustentar o meu irmão, eu o devolvi à casa paterna e não demorou muito para que eu tivesse de superar o meu orgulho e procurar minha mãe em busca de auxílio, para não passar fome. O desconforto gerado por essa humilhação fez com que eu me arrependesse ainda mais por haver deixado Francisco partir.

Mas, agora era tarde. Eu teria de esperar que o destino cumprisse o seu papel e se encarregasse de colocar as coisas em seus devidos lugares.

Um dia, encontrei um dos aventureiros que haviam viajado com meu marido e que, após ter adquirido alguns recursos, havia retornado para junto da família. Tendo perguntado sobre o paradeiro de Francisco, o homem me garantiu que ele estava morto.

— Seu marido contraiu uma grave doença nos pulmões e morreu em poucos dias. Ele foi enterrado por lá mesmo — disse-me o homem. — Considere-se uma mulher viúva e trate de tocar a vida, porque o Francisco não volta nunca mais.

Aquela revelação me pegou de surpresa e provocou em mim uma reação inesperada. Somente naquele momento, percebi que o amava e fui acometida de um remorso causticante. Fui para casa aos prantos e passei vários dias completamente arrasada. Comecei a pensar em morrer também e precisei fazer um grande esforço para não ceder à vontade de me matar.

Mas os dias foram transcorrendo sem qualquer novidade, e um abrandamento natural da dor provocada pela suposta viuvez foi se operando em meu coração.

Assim, cansada de tanto sofrimento, não vi outra alternativa a não ser me reerguer. Já que não conseguia morrer, deveria ao menos lutar para ter uma vida mais digna. Voltei a cultivar em mim a ambição pelo dinheiro e decidi que, a partir daquele momento, esse seria o real objetivo de minha vida.

Avaliei a situação: eu tinha apenas 20 anos de idade, continuava sendo uma jovem muito bonita e atraente. Além disso, eu era agora uma mulher livre e desimpedida para buscar a realização do meu grande sonho.

A possibilidade de voltar para a casa paterna, nem me passou pela cabeça. As palavras ditas à minha mãe no dia do meu casamento ainda faziam muito sentido para mim. Eu estava convicta de que aquela vida miserável, definitivamente, não me interessava.

Após tomar a decisão de ir à luta, busquei várias formas de conseguir uma vida melhor para mim, mas todas as tentativas acabaram falhando. Pareceu-me que o destino jogava contra mim, criando infinitas dificuldades. Mas, na verdade, era eu que estava sempre em busca do caminho mais fácil para conseguir as coisas. Não queria trabalhar, não queria envolvimento com pessoas que não pudessem satisfazer às minhas ambições e me tornei muito malquista naquela região. As pessoas passaram a me evitar, pois notaram que todas as vezes que eu me aproximava de alguém, era sempre com o intuito de tirar vantagens.

Recebi algumas propostas de casamento, mas a todas declinei, pois se tratavam de homens pobres e sem grandes perspectivas de futuro. Por outro lado, acabei, algumas vezes, sendo vítima de minhas próprias armadilhas. Cheguei a me envolver com homens ricos, mas eles não me levavam a sério, pois percebiam logo que as minhas verdadeiras intenções eram sempre relacionadas a dinheiro e conforto material.

Assim, por algum tempo, conduzi a vida de modo negligente, sem medir as consequências de minhas ações e sem angariar qualquer possibilidade de melhora financeira. Estava sempre sem dinheiro, passando dificuldades, endividada... E passei a ter uma imagem tão negativa naquela região, que um dia precisei desaparecer dali. Ganhei a estrada e fui viver num lugar muito distante.

Capítulo 3

O golpe

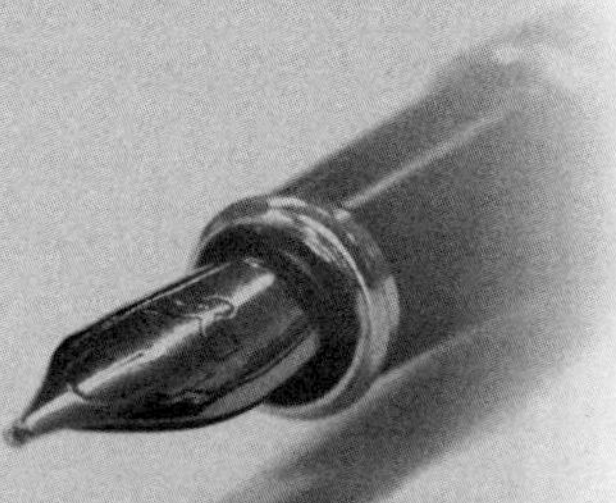

"Não pensais senão em vosso corpo; seu bem-estar e seus gozos foram o único objeto de vossa solicitude egoísta. Em favor do corpo, que morre, negligenciastes vosso Espírito, que viverá para sempre."

O Evangelho segundo o Espiritismo – Cap. XVI, item 12

Na nova cidade onde passei a viver, conheci Deolinda, proprietária de um bordel. Seduzida pela possibilidade de ganhar dinheiro com a prostituição, não pensei duas vezes e logo estava trabalhando no prostíbulo. Ali, tornei-me a mulher mais requisitada da casa, pois minha juventude e beleza, associada à insaciável ganância, fazia com que eu fosse muito mais dedicada aos clientes que as outras meretrizes.

Ao contrário das outras mulheres, que em sua grande maioria odiava aquele ofício e somente o fazia por força da necessidade, eu sentia um imenso prazer em realizar o meu trabalho. Prazer que só era superado pelo momento de contar o dinheiro faturado ao final de cada expediente.

Um dia, a dona do bordel me procurou e fez uma proposta que mudaria de vez a minha vida:

— Vamos receber hoje a visita de um fazendeiro muito rico. O coronel Teodoro é um velho conhecido meu, que encontrei na rua, por acaso. Ele mora em outro Estado e está de passagem pela cidade. Como enviuvou há pouco tempo, está muito carente e disse que vem conhecer a nossa casa hoje à noite. A princípio, pensei apenas que você poderia proporcionar uma noite de prazer e arrancar um bom dinheiro dele. Mas, depois, pensei melhor e concluí que podemos unir o útil ao agradável.

— De que maneira? — perguntei com certa ingenuidade, pois ainda não havia entendido bem a proposta.

— Vou propor um casamento entre vocês dois!

— Casamento? Com um coronel? Isto me interessa muito! — exclamei com os olhos brilhando de euforia. — Mas, como vamos fazer para convencê-lo a se casar com uma...

— Adélia, de um modo geral, esses homens são bastante ingênuos no que se refere a mulheres — atalhou Deolinda. — Pensei em fazermos um teatrinho e, se você for uma boa atriz, não será muito difícil fisgar esse viúvo endinheirado.

— Não tenha dúvida de que eu sei representar muito bem! Afinal, o que sugere que eu faça?

— Primeiramente, você não estará no salão vermelho quando o coronel chegar. Estará trancada em meu quarto. Diremos a ele que você acabou de ficar viúva, que chegou aqui há uma semana e que ainda não "trabalhou", limitando-se a fazer a limpeza da casa.

— Ora, Deolinda! E você acha que ele vai engolir essa história? E se ele resolver se informar por aí?

— É justamente nesse ponto que entra o seu talento de atriz. Se você conseguir convencê-lo de que esta história é verdadeira, ele a engolirá facilmente. Além disso, olhe para você, veja como é linda e atraente! Um homem velho, solitário e carente não vai recusá-la nunca como esposa. É só você fingir ingenuidade, fazer cara de choro, não demonstrar muito interesse nele...

— Você disse velho? — perguntei, com ar de decepção. — Muito velho?

— Ora, Adélia, não se pode querer tudo de uma só vez, não é? Não se esqueça de que, se o plano der certo, você será rica e poderá se divertir com outros homens mais jovens e muito mais interessantes que o coronel.

— É. Você tem razão! — conformei-me. — Mas, e se ele não engolir essa história?

— Nada se perde — respondeu Deolinda. — Apenas se deixa de ganhar.

O modo jocoso como Deolinda conduzia aquela farsa nos fez cair na gargalhada e passamos horas combinando todos os detalhes da armadilha que seria preparada para fisgar o coronel. Mais uma vez eu me deixava levar pela ganância, achando maravilhosa a proposta indecente que me era feita.

À noite, assim que o coronel chegou ao prostíbulo, Deolinda o levou aos seus aposentos e me apresentou a ele, dizendo tratar-se de uma pobre viúva que, estando só e desamparada, pedira guarida naquele antro.

— Essa pobre criatura bateu às portas de minha casa em busca de ajuda, numa situação desesperadora. Seu marido, após um breve casamento, acabou de morrer e os pais da moça simplesmente a deixaram relegada à própria sorte, pois não a aceitaram de volta em casa.

O coronel, que já havia tomado algumas doses de aguardente, olhava para aquela linda moça à sua frente parecendo duvidar da história. Mas eu, trajando um comportado vestido de tecido barato e usando como maquiagem apenas um discretíssimo batom, demonstrava uma honestidade indubitável.

Apresentei-me chorosa e assustada, fingindo um sofrimento tão grande, que acabei despertando um sentimento de piedade no coração do velho fazendeiro.

— Ela veio atrás de trabalho, porque estava passando fome. Mas eu não permiti que encostassem um dedo nela, pois vi logo que Adélia é uma moça decente e honrada. Tudo o que ela precisa é de um bom marido que lhe dê proteção.

E Deolinda continuava em seu discurso ensaiado, olhando nos olhos do coronel para tentar convencê-lo de uma vez por todas.

— Se ela não conseguir alguém que lhe dê amparo, pode até ser que caia em desgraça, mas isso será uma grande pena — prosseguiu ela, dissimulando uma comovente piedade maternal. — Ela é tão meiga, tão sensível, tão bonita...

Teodoro não fazia a menor ideia de que eu já havia caído em desgraça há muito tempo; ou melhor, que havia buscado a desgraça por minha própria vontade.

Enquanto Deolinda falava, o coronel olhava para o meu corpo escultural e se excitava, imaginando as noites ardentes que eu poderia lhe proporcionar.

"Realmente será uma pena se ela tiver que se prostituir para não sofrer privações", pensava ele.

E já começava a sentir uma pontinha de ciúme ao imaginar que outros homens poderiam desfrutar um prazer que deveria ser unicamente dele.

Em parte, sensibilizado com a comovente história inventada por Deolinda, em parte, seduzido por estes pensamentos, Teodoro acabou convencido de que eu realmente merecia uma oportunidade. Disse que partiria no dia seguinte, logo cedo, e que se eu quisesse, poderia partir com ele.

— Faremos assim — propôs ele —, você vai comigo, hospeda-se em minha fazenda e passa uma temporada por lá. Nesse meio tempo, a gente se conhece. Se você mudar de ideia, pode voltar para cá. Mas, se nos acertarmos, a gente se casa, está bem?

Era tudo o que eu precisava para mostrar o meu desempenho teatral. Comecei a chorar, abracei-me à Deolinda e disse que tinha medo.

A cafetina me amparou e fingiu que me acalmava.

— Não se preocupe, minha filha! O coronel Teodoro é um homem de bem e está lhe oferecendo uma oportunidade de ouro. Além disso, ele não vai lhe forçar a nada. Você ouviu ele dizer que, caso se arrependa, pode voltar para cá.

Eu soluçava profundamente, com o rosto enfiado entre as mãos, apoiada no ombro de Deolinda.

— Tenho medo! — repetia entre soluços, com um tom de voz suplicante. — Já sofri demais nesta vida. Perdi meu marido, fui rejeitada pelos meus pais... Tenho muito medo...

O coronel ficou completamente sem ação, mas, mediante à minha rejeição, convenceu-se ainda mais de que me queria a qualquer custo. Ele não estava acostumado a ouvir recusas e, no fundo, adorava desafios.

Deolinda o chamou a um canto e disse em sussurro:

— Façamos assim, coronel: é melhor que o senhor vá embora e passe aqui amanhã cedo, quando estiver partindo.

— Mas... Mas... — quis protestar.

Deolinda piscou o olho para ele e assegurou:

— Eu prometo que amanhã cedo ela estará prontinha para ir com o senhor. Vou conversar com ela com mais calma, mostrar-lhe as vantagens de acompanhá-lo. Deixe comigo, coronel!

E praticamente o expulsou dali, mas fez questão de acompanhá-lo até a hospedagem, para ter a certeza de que ninguém estragaria os seus planos.

De volta à casa de prostituição, nós duas comemoramos, esvaziando uma garrafa de vinho. E eu me preparei para seguir viagem no dia seguinte.

Mas, Deolinda deixou muito claro que aquele favor deveria ser pago futuramente, num momento em que houvesse necessidade.

— Quanto a isso, fique tranquila, porque eu não sou ingrata! — respondi com firmeza. — Sei recompensar as pessoas que me ajudam.

Às primeiras horas do dia seguinte, uma carruagem deixava a cidade, levando-me ao lado do coronel Teodoro para o início de uma nova vida.

Em pouquíssimo tempo estávamos casados e eu desfrutava os prazeres e os poderes que o dinheiro podiam me proporcionar, embora intimamente sentisse nojo do meu novo marido. Teodoro era 40 anos mais velho que eu e não tinha o hábito de tomar banho. Além disso, tinha um hálito horrível, pois bebia muita aguardente e era viciado em mascar fumo.

A minha vida ao lado daquele homem não era nenhum mar de rosas, mas o conforto que o seu dinheiro oferecia, de certo modo, compensava as contrariedades. Eu não me sentia na obrigação de ser fiel a ele e passei a me envolver em algumas extravagantes e inconsequentes aventuras amorosas.

Minhas atitudes despertaram paixões e até mesmo desespero em alguns homens, surpreendidos pela sensualidade quase animalesca da sedutora mulher que eu representava.

Capítulo 4

O suicida

"Sim, meus filhos, é em vão que o homem, ávido de prazeres, quer se iludir sobre a sua destinação aqui na Terra, sustentando que lhe é permitido ocupar-se apenas de sua felicidade."

O Evangelho segundo o Espiritismo – Cap. XI, item 13

Um dos meus amantes se chamava Pierre. Era um rapaz bastante jovem, tímido e medroso, que relutara muito em ceder às minhas investidas. Porém, mais tarde, acabou se entregando de corpo e alma à furtiva relação e certamente foi o que mais sofreu quando ocorreu o previsível rompimento.

Foi a relação mais duradoura que eu mantivera com um amante, pois o achava sensível e com uma beleza incomum para o meio em que vivia. Pierre era filho de imigrantes franceses que possuíam um sítio naquela região. Era um jovem romântico, gostava de poesias e declamava belíssimos versos para me seduzir. Ele havia passado sua infância na França e me impressionava, sussurrando declarações de amor, em francês, aos meus ouvidos.

Seu estilo era muito diferente do comportamento dos homens rudes que viviam naqueles arredores. Mas, a mesma sensibilidade que me seduziu, acabou me cansando. Em pouco tempo, descobri que não sentia nada de especial pelo rapaz e decidi que estava passando da hora de colocar um ponto final naquela história.

Inconformado com o fim da aventura, Pierre promoveu um verdadeiro teatro, chorando e implorando para que eu não o deixasse, alegando que não saberia o que fazer da vida sem a minha presença.

Inicialmente, fiquei um pouco penalizada e, de certo modo, até orgulhosa por estar sendo o motivo de tanto sofrimento no coração de um homem, mas logo senti nojo de tamanha pieguice. Fiquei também com medo de que o rapaz, que se mostrava visivelmente perturbado, pudesse me causar problemas. No ápice de seu desespero, Pierre chegou a ameaçar que contaria tudo ao Teodoro, pois acreditava que, agindo assim, o marido traído me abandonaria e eu ficaria disponível para ele.

Mediante a essa arriscada possibilidade, eu falei com um tom de voz que falsamente sugeria afetividade:

— Pierre, você precisa entender que, por mais que eu queira, não há a menor possibilidade de ficarmos juntos. Se meu marido souber que temos um caso, ele não vai simplesmente me abandonar, ele nos matará, com toda certeza!

Como o rapaz estava chorando, cabisbaixo, toquei suavemente a mão em seu queixo e ergui o rosto dele, encarando-o bem de perto.

— Você gostaria de me ver morta?

A resposta de Pierre foi um meneio negativo com a cabeça e uns soluços que pareciam arrancados da própria alma.

Fazendo um esforço imenso para não me descontrolar diante daquela cena que me soava tão patética, prossegui, procurando manter o tom de voz o mais brando e convincente possível.

— Só há uma coisa que você pode fazer para resolver essa questão. Você quer que eu lhe diga?

O rapaz, que voltara a abaixar a cabeça e continuava chorando, fez um movimento afirmativo.

— Você diz que não poderá viver sem mim, mas também não quer ser o responsável pela minha morte, não é?

Ele meneou novamente a cabeça.

— Então, por que você não se mata? — perguntei-lhe com voz adocicada.

Pierre ergueu a cabeça num movimento brusco e me olhou com perplexidade.

— Matar-me? Você quer dizer...

— Sim! — reafirmei. — Cometa suicídio. Se a sua vida não terá mais sentido sem mim, a melhor coisa que você pode fazer é se matar, porque, a partir de hoje, eu nem olharei mais para você.

— Por quê? — perguntou ele, chorando.

— Porque eu me cansei dessa história. Meu marido está desconfiado e pode armar uma cilada para nós.

— Fuja comigo! — implorou ele.

— Fugir? Para onde? Com que dinheiro? Você não tem onde cair morto, rapaz!

— Eu sei... Eu sei... — desesperou-se. — Mas sei também que a amo muito e que não posso viver sem você!

Uma vez mais fui assaltada por um sentimento misto de irritação e medo. Ficou claro que Pierre estava disposto a fazer uma besteira. Naquele momento, eu não tive mais dúvidas de que o rapaz possuía distúrbios neurológicos, pois sua atitude demonstrava um completo desequilíbrio.

Precisei me munir de muita paciência. Voltei a erguer com suavidade o seu rosto banhado de lágrimas e repeti a proposta com tanta firmeza em meu olhar e com tamanha doçura em minha voz, que, desta vez, ela lhe pareceu perfeitamente razoável.

— Pense no que lhe falei. A sua morte será a melhor solução para nós dois. Eu volto para o meu marido, e você se livra desse sofrimento inútil.

Como ele continuava me olhando com um olhar que sugeria resignação, eu prossegui:

— A vida, Pierre, é só um sopro. A morte é um sono eterno, profundo e reparador. Pense nisto, meu querido!

Enquanto eu me afastava, deixando-o mergulhado naquele desespero, depositei na palma da mão a ilusão de um beijo e atirei na direção dele. Demonstrava serenidade, mas meu coração estava quase explodindo dentro do peito. Eu estava morrendo de medo de que Pierre fizesse alguma besteira que me comprometesse.

Torci muito para que ele aceitasse a proposta e só não rezei para que isto acontecesse, porque me faltou coragem para tamanho descaramento.

Retornei para casa e nunca fui tão solícita e agradável com Teodoro como naquele momento. Queria deixar o terreno preparado para, caso houvesse necessidade, implorar clemência e perdão a ele.

Mas não houve necessidade, pois três dias após o rompimento da relação, o corpo de Pierre foi encontrado dependurado numa árvore, no pomar que circundava a casa de seus pais.

Com exceção de mim, todos acreditaram que ele havia se matado devido a um ataque de loucura, já que apresentava alguns sinais de esquizofrenia.

O verdadeiro motivo de sua morte foi um segredo que, para grande alívio do meu coração, Pierre levou para o túmulo e eu tranquei numa sombria gaveta, no mais recôndito compartimento de minha alma.

Capítulo 5

A proposta

"Portanto, que cada um dedique seus cuidados em combater o egoísmo em si mesmo, pois esse monstro devorador de todas as inteligências, esse filho do orgulho, é a fonte de todas as misérias da Terra."

O Evangelho segundo o Espiritismo – Cap. XI, item 11

Após o suicídio de Pierre, eu fiquei um bom período retraída, sem procurar novas aventuras. O medo de que o rapaz houvesse deixado alguma carta comprometedora, que me levasse a perder a mordomia que Teodoro me dava e me deixasse fora do seu testamento, arrefecia os meus impulsos sensuais.

Mas, o pior foi que, após o suicídio do rapaz, eu passei a ter pesadelos horríveis. Pierre aparecia chorando, com o laço da corda apertando o seu pescoço, dizendo que não estava conseguindo se soltar, e me implorava para desfazer o nó.

Diante de tanto medo e perturbação, busquei segurança nos braços de Teodoro e, durante um bom tempo, mantive o comportamento de uma esposa zelosa, fiel e comprometida.

Com tanta dedicação, Teodoro, que sempre fora muito ciumento, acabou afrouxando a vigilância, pois se convenceu de que eu havia aprendido a amá-lo e passou a confiar mais em mim.

Assim, permitia que eu frequentasse o pequeno município, que ficava a uns dez quilômetros de sua fazenda, acompanhada apenas pelas serviçais. Ali, eu fazia compras e me divertia nas quermesses realizadas pela igreja, cuja direção ficava a encargo do padre Jerônimo.

Às vezes, essas festividades se estendiam até mais tarde, e eu pernoitava numa casa que Teodoro havia construído numa rua sossegada, nos arrabaldes da cidade.

Com o passar do tempo, meu casamento voltou a cair naquela entediante rotina. Voltei a ver em Teodoro apenas um velho chato, obeso e malcheiroso. Além disso, os pesadelos foram se escasseando até se acabarem de vez, deixando-me finalmente em paz, livre daquele transtorno que me importunara durante tantas noites.

Dessa forma, voltei a sentir falta de emoções renovadas em minha vida. Meu coração, inquieto e inconseqüente, começou a cobrar novas experiências afetivas.

Um dia, durante uma das tais quermesses, conheci um rapaz chamado Ramalho. Era o jovem capataz de uma fazenda vizinha. O sentimento que aquele encontro provocou em mim foi intenso e inesperado. Ocorreu unicamente no campo visual, mas aflorou de modo inequívoco e arrebatador em meu coração.

Foi a primeira vez que senti algo mais que interesse financeiro e atração física por um homem. Era um sentimento que eu não conseguia definir, mas que passou a direcionar os meus passos, a conduzir as minhas aspirações, a anular em mim todas as demais vontades. Uma situação nova e incontrolável, que veio a abalar toda a estrutura afetiva de minha existência.

Ramalho, alguns anos mais jovem, rapaz de bela compleição física e muito assediado pelas mulheres, não retribuiu às minhas expectativas. Minhas aspirações não encontraram nele qualquer sinal de reciprocidade. Aliás, quando tomou conhecimento dos meus sentimentos, Ramalho fez questão de deixar claro que me achava interesseira, desinteressante e vulgar.

Mas a frieza demonstrada pelo rapaz, em vez de arrefecer a minha paixão, provocou em mim uma perigosa tormenta interior, uma incontrolável necessidade de superação. A recusa mexeu com os meus brios e, ferida em meu amor-próprio, jurei para mim mesma que não desistiria de conquistá-lo.

No fundo, embora não retribuísse mesmo aos meus sentimentos, a resistência de Ramalho era apenas um meio de supervalorizar um possível envolvimento. Ele era tão ganancioso quanto eu e não descartava a possibilidade de ceder aos meus caprichos, mas queria em troca muito mais do que eu havia oferecido, até então, aos meus ex-amantes.

Mais tarde, durante novos festejos na cidade, onde eu me encontrava praticamente sozinha, arranjei um jeito de me aproximar do rapaz e fui logo deixando claro quais eram as minhas intenções.

Ramalho desconversou, fingiu desinteresse, mas finalmente expôs a sua verdadeira personalidade, que era mesmo muito parecida com a minha. Percebendo a minha imensa falta de juízo e a paixão arrebatadora que havia despertado em mim, o capataz lançou o desafio:

— Aceito ficar com você, Adélia, mas quero um prêmio por isso.

— Eu sou o melhor prêmio que um homem pode desejar! — esnobei.

Ele me olhou da cabeça aos pés e meneou a cabeça num gesto de reprovação.

— Você pode ter sido uma mulher muito interessante no passado, mas não é mais nem a metade do que julga ser — atacou, com um sorriso sarcástico.

Suas palavras me deixaram extremamente insultada e, se não fosse pelo medo de atrair a atenção das pessoas, eu o teria esbofeteado ali mesmo.

Mas, Ramalho não estava totalmente errado. Durante o período de inércia que passei ao lado de Teodoro, protegendo-me dos pesadelos e do medo, acabei adquirindo o mesmo hábito do meu marido no que se referia à ingestão de alimentos pouco saudáveis, em quantidade excessiva, e me descuidei de minha aparência física. Estava longe de ser a meretriz bela e sedutora que, anos atrás, provocava verdadeira loucura nos homens.

Em meu rosto, ao redor dos olhos, uns finos sulcos começavam a delinear as rugas que surgiriam precocemente. Meu corpo já não era tão rijo, mostrando-se flácido em algumas partes. Mas, ainda assim, eu continuava sendo uma mulher interessante e desejada.

Passado o impulso da raiva que as palavras de Ramalho me provocaram, disfarcei, fingindo não ter sido atingida por aquela impiedosa observação.

— Não se iluda, rapaz! Garanto que ainda sou um excelente prêmio para um homem inteligente e de bom gosto. Mas, infelizmente, poucos homens deste lugar se enquadram neste perfil — contra-ataquei.

— Pode ser — retrucou Ramalho. — Eu devo ser mesmo um janota, sem inteligência, mas ainda assim, exijo alguma coisa a mais para ficar contigo.

E o prêmio exigido era simplesmente a partilha dos bens que eu desfrutava desde que me casara com Teodoro.

Inicialmente, achei que era uma proposta absurda e cheguei a me irritar com o atrevimento de Ramalho. Mas, logo depois, vi que não havia tanto despropósito assim. Afinal, já estava passando da hora de cuidar da minha felicidade que, definitivamente, nada tinha a ver com estar ao lado de um marido velho, obeso e malcheiroso.

As aventuras vividas até ali haviam sido desimportantes para mim, mas agora não. Poderia iniciar uma nova fase em minha vida ao lado de um homem que me despertava sensações nunca antes experimentadas. Era a minha felicidade que estava em jogo e eu não via nenhum mal em lutar pelo meu bem-estar, mesmo que para isso tivesse de tomar algumas atitudes bastante drásticas.

Então, aceitei a proposta do rapaz, ciente de que a única maneira de cumprir o prometido seria tirando Teodoro do nosso caminho. Não sabia exatamente como, mas me convenci de que deveria fazê-lo de qualquer maneira.

Capítulo 6

Cumplicidade

"Amar o próximo como a si mesmo; fazer aos outros o que nós quereríamos que nos fizessem é a expressão mais completa da caridade, pois resume todos os deveres para com o próximo."

O Evangelho segundo o Espiritismo – Cap. XI, item 4

Após a conversa com Ramalho, tive a sensação de que os dias começaram a passar aceleradamente e eu não conseguia arquitetar um plano para me livrar de Teodoro. Embora já houvesse cometido vários tipos de delito, assassinato era uma experiência nova em minha vida, e eu não sabia exatamente como proceder, pois nenhuma ideia segura me ocorria. Eu não confiava em ninguém a ponto de pedir ajuda e morria de medo de fazer algo que me comprometesse aos olhos da justiça.

À medida que o tempo passava, fui me afligindo, pois sabia que Ramalho não esperaria a vida toda pelo prêmio exigido. Além disso, eu também tinha urgência em resolver a questão. Meu coração estava inquieto demais para se submeter a longas esperas.

E foi em meio a essa aflição, que um fato aparentemente fortuito acabou me auxiliando a resolver o dilema.

Ocorre que Deolinda, a dona do prostíbulo onde eu havia trabalhado e que me arranjara o casamento com Teodoro, acabou reaparecendo em minha vida naquele exato momento. Discretamente, a mulher, que se encontrava no município onde eu vivia e estava hospedada numa velha pensão, mandara um recado para que eu a encontrasse às escondidas, pois tinha urgência em conversar comigo.

No primeiro momento, ignorei o convite, prevendo que o assunto em questão se referia a pedido de dinheiro. Achei mesmo que era um atrevimento indesculpável de Deolinda reaparecer do nada, certamente com o intuito de me chantagear.

Mas, logo, minha mente maliciosa e perspicaz foi despertada para a boa oportunidade que tal encontro poderia representar. Para levar adiante o plano de me livrar de Teodoro sem levantar suspeitas, eu precisaria da ajuda de uma pessoa que reunisse em seus atributos muita experiência e falta de caráter. Ou seja, a pessoa perfeita para tal missão aparecera na hora propícia. Notei que as coisas conspiravam a favor e me convenci de que não deveria desperdiçar aquela oportunidade.

Assim, mais uma vez seguindo meus primitivos instintos, decidi atender ao chamado da ex-companheira de perfídia e fui me encontrar com ela na velha pensão.

Como já esperava, durante o encontro, ouvi Deolinda se queixar de que estava doente e que, impossibilitada de trabalhar, acabara perdendo a direção do prostíbulo. Por isso, solicitava uma recompensa pelo favor que havia me prestado, anos antes.

Fingi que estava sensibilizada com o drama da cafetina, mas disse que não poderia fazer nada para ajudá-la. Expliquei que meu marido era controlador e avarento e que eu só teria acesso ao dinheiro após a morte dele.

— Acho muito justo que você venha me pedir ajuda, afinal, é por mérito seu que desfruto o conforto que possuo hoje. Se pudesse, eu lhe daria com boa vontade uma bela quantia em dinheiro, mas, para isso, teremos de esperar que Teodoro morra — sentenciei, com o intuito de provocar a indignação da mulher.

— Acontece que eu não disponho de muito tempo — respondeu Deolinda, com voz áspera. — Estou muito doente e preciso me tratar com urgência.

Abri um largo e malicioso sorriso. Aproximei meu rosto da face enrugada da velha e balbuciei:

— Na verdade, eu também não disponho de muito tempo...

— Ora, que bobagem! Você é jovem, tem todo o tempo do mundo.

Recuei um pouco e, encarando a mulher com severidade, desabafei:

— Para quê? Para ficar mofando ao lado de um velho intragável que só me dá nojo e desprazer? E o pior é que nem posso desfrutar o dinheiro que ele possui.

Neste momento, por exemplo, se não fosse por ele, eu poderia lhe ajudar, retribuindo o favor que você me fez no passado com, digamos... — e, aproximando a boca do ouvido de minha ex-cúmplice, sussurrei, sugerindo uma quantia que a fez arregalar os olhos.

— Tudo isto? — exclamou ela.

— Claro! Eu acho que é um valor muito justo, afinal, eu vou herdar muito mais do que isto! Mas, de que modo vou lhe dar esse dinheiro? Teodoro continua vivo e cheio de saúde. Parece um touro. Às vezes, eu tenho a impressão de que, apesar de ser 40 anos mais nova, eu vou acabar morrendo antes. E o pior é que não tenho a menor ideia de como me livrar dele...

Mas a cafetina, que havia mordido a isca, já não prestava atenção àquelas palavras. Estava compenetrada na arquitetura de um projeto sinistro que lhe colocaria nas mãos a vultosa quantia sugerida por mim.

No silêncio que se fez a seguir, um plano macabro se desenhou em nossas mentes, de modo espetacular. E havia tanta afinidade de ideias entre nós, que praticamente nem precisamos transformá-las em palavras para selarmos o acordo que novamente nos colocaria como cúmplices de outra trama lamentável.

Capítulo 7

Traição

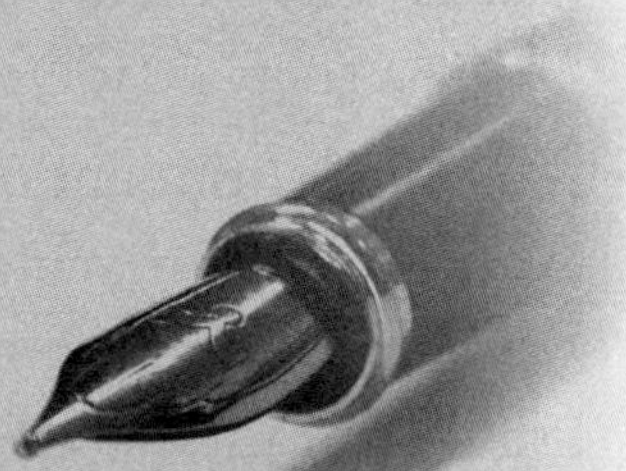

"Para um homem, é preferível ter a mão cortada a tê-la servindo de instrumento para uma má ação. Antes ser privado da vista que ter olhos que servem de fonte para maus pensamentos."

O Evangelho segundo o Espiritismo – Cap. VIII, item 17

Voltei para casa entusiasmada com o resultado obtido naquele tenebroso acordo.

Dois dias depois, em novo encontro, recebi das mãos da cafetina um pequeno frasco contendo um pozinho letal, com a orientação de ministrá-lo em pequenas dosagens diárias, inserindo-o às refeições de meu marido. E assim o fiz.

Não demorou muito para que Teodoro começasse a se queixar de que umas repentinas fisgadas abdominais o estavam torturando. E eu, demonstrando uma frieza calculada, apenas dizia, sorrindo:

— Também, com essa mania que você tem de comer e beber tudo o que vê pela frente! Precisa controlar mais esse apetite de touro e essa sua insaciável sede por aguardente, meu querido!

E o fiz de tal modo, que as palavras soaram muito mais como um elogio às qualidades viris dele do que necessariamente como uma advertência, alimentando ainda mais a sua vaidade e o seu machismo incomensurável.

Continuando em minha farsa, fingi preocupação e, quando meu marido voltou a se queixar das dores que, a cada dia, tornavam-se mais fortes, sugeri que ele procurasse um médico. Eu sabia que Teodoro, sendo teimoso e ignorante como era, jamais se submeteria a uma consulta médica. Para homens como ele, submeter-se a um tratamento médico representava uma inadmissível prova de fraqueza. Para ele, a medicina era uma coisa inventada para tratar de crianças, mulheres e homens fracos.

Desse modo, eu me senti muito à vontade para continuar envenenando-o, gradativamente, com a substância corrosiva oferecida por Deolinda. Minhas duas únicas preocupações eram não deixar vestígios do frio assassinato que praticava e que o veneno não demorasse muito para fazer efeito, para não me privar por muito tempo dos prazeres que pretendia desfrutar nos braços de Ramalho.

Em pouco tempo, Teodoro desencarnou, sem que nenhuma suspeita fosse levantada contra mim. Sua morte acabou sendo atribuída a uma provável doença cancerosa instalada no aparelho digestivo.

Eu estava livre para finalmente desfrutar o dinheiro do marido morto, ao lado de um homem jovem, bonito e viril que haveria de me cobrir de prazeres e alegrias, pensava eu.

Do dinheiro prometido a Deolinda, entreguei uma quantia infinitamente menor e mandei que ela desaparecesse da minha frente para o resto da vida.

A cafetina tentou argumentar, implorou, chorou, mas eu continuei irredutível.

— Melhor pegar o que estou lhe dando e desaparecer, antes que eu mude de ideia e não lhe dê nem isso — ameacei.

— Mas isto aqui não vai dar para nada! Eu preciso do dinheiro para me tratar. Estou muito doente...

— Não é problema meu — sentenciei.

— Posso lhe entregar à polícia — rosnou a mulher, diante da minha inflexibilidade.

— Ótimo! — rebati. — Vamos ver quem tem mais credibilidade com as autoridades, se uma cafetina podre feito você ou a jovem e bela viúva de um influente fazendeiro. Além disso, não se esqueça de que, na pior das hipóteses, você será condenada comigo, por ter me ajudado.

E Deolinda percebeu que estava vencida. Morrendo de ódio, convenceu-se de que não havia alternativa, a não ser pegar a ínfima quantia que eu lhe dava e desaparecer para sempre. Mas, antes de ir, jurou vingança.

— Seja aqui neste mundo, ou nas profundezas do inferno, você vai me pagar, sua traidora, assassina!

E eu respondi com uma gargalhada de deboche:

— Você vai ter que esperar muito tempo para isso, porque eu não pretendo ir para o inferno tão cedo. Vá você na frente e me aguarde sentada para não se cansar, sua bruxa!

E nos entreolhamos pela última vez naquela encarnação.

Deolinda seguiu seu caminho, arrasada. Um caminho que se encurtava a cada dia e a desprovia de qualquer perspectiva mais animadora. À frente, ela sabia que a aguardava a velhice desamparada, o sofrimento físico causado pela doença e, finalmente, a morte.

Mas o meu futuro era infinitamente mais promissor. Segundo minhas perspectivas, aguardava-me uma longa vida, repleta de alegrias e prazeres. Eu era herdeira de uma imensa fortuna e teria ao meu lado o homem que conseguira quebrar o gelo do meu coração, desde que eu perdera Francisco, transformando-o num cálido manancial de desejos e esperanças.

Capítulo 8

Decepção

"Com o egoísmo e o orgulho, que se dão as mãos, sempre haverá uma corrida para estabelecer-se o mais sagaz, uma luta de interesses na qual as mais santas afeições são pisoteadas, e na qual nem mesmo os sagrados laços da família são respeitados."

O Evangelho segundo o Espiritismo – Cap. XI, item 12

Finalmente, livre do marido indesejado e da cúmplice de meu hediondo crime, contraí núpcias com Ramalho, poucos meses depois.

Sentindo-me extremamente realizada, a primeira coisa que pretendi foi engravidar. Queria dar filhos para o meu novo marido, pois achava que desse modo o teria mais próximo de mim. Como já disse, Ramalho era alguns anos mais jovem e eu morria de ciúmes dele.

Mas, para grande decepção, descobri que havia me tornado infértil. Durante os três anos em que me prostituí, eu havia engravidado algumas vezes e, sempre auxiliada pela dona do prostíbulo, tratei de expulsar o feto do útero, utilizando técnicas extremamente primitivas. Durante uma dessas intervenções, acabei contraindo uma gravíssima infecção que quase me levou à morte.

Depois disso, não mais precisei fazer abortos, porque jamais voltei a engravidar. Mas eu nunca me dei conta disso, porque, na verdade, nunca quis ter filhos. Achava que no momento que quisesse, poderia conceber. E foi isso que fiz, após me casar com Ramalho, mas descobri, com muita tristeza, que as coisas nem sempre funcionavam como eu queria.

Com isso, a minha ilusória projeção de felicidade começava a ruir. Inicialmente, meu terceiro marido, que encontrou em mim uma amante perfeita e dedicada, sentiu-se plenamente realizado e retribuiu à altura a minha voluptuosa entrega, preenchendo-me, cobrindo-me de prazeres e alegrias.

Mas, nossos sentimentos se equilibravam num fio demasiado tênue. A razão que nos unira não tinha nada de pureza. Nosso castelo de sonhos fora alicerçado sobre pilares ilegítimos. Espectros do passado rondavam por todos os cantos e as alegrias cotidianas eram um sopro débil, uma ilusão passageira e apreensiva, que não nos permitia desfrutar um mínimo resquício de estabilidade ou sossego.

Não demorou muito para que a frágil construção que o nosso casamento representava começasse a ruir.

Numa irônica inversão de papéis, de repente eu me vi no lugar de meu ex-marido. Tornei-me a esposa traída e vilipendiada pelo parceiro. Ramalho se revelou uma pessoa tão cruel e egoísta quanto eu. Para ele, só interessavam os prazeres que o dinheiro podia oferecer e não fazia a menor questão de esconder de mim as aventuras amorosas em que se envolvia.

Cada vez ficava mais claro que eu havia me tornado um estorvo na vida de Ramalho, um empecilho à felicidade dele. Muitas vezes, no ápice das discussões, ele perguntava aos gritos, destilando ódio em suas palavras:

— Por que você não morre? Por que não vai logo para o inferno e me deixa em paz?

Mas eu já me sentia no inferno há anos, ou seja, desde que terminara o curto período das núpcias, quando havíamos convivido realmente como um casal unido pelos laços do matrimônio; desde que passamos a nos tratar como férreos inimigos vivendo sob o mesmo teto, travando um duelo frio e cotidiano.

Após uma década e meia de uma relação alicerçada em traições, brigas, ciúmes e muita infelicidade, eu envelheci com uma velocidade incrível e adoeci gravemente. Passei alguns anos acamada, moribunda, e fui, aos poucos, perdendo a lucidez.

Submetida a exames médicos, foi diagnosticado um câncer em meu útero, além de complicações de ordens psicológicas. Um processo lento e doloroso começou a me destruir o organismo, por meio de uma infecção generalizada.

Em meio aos surtos febris que me atacavam, eu ouvia os gritos de Teodoro jurando vingança; ouvia as gargalhadas estridentes de Deolinda e sua voz rouquenha dizendo que, conforme prometera, esperava-me nas profundezas do inferno.

Voltei a ouvir também o choro e as lamentações de Pierre. Ele se queixava de que a corda continuava apertando o seu pescoço e me implorava para que o libertasse daquele eterno sofrimento.

Atordoada, pedi ajuda ao padre Jerônimo. Ele era uma das poucas pessoas que eu sempre tratara com respeito e cordialidade. Assim, eu havia conquistado a amizade do vigário que, apesar de conhecer a minha natureza fraca e inconsequente, nutria por mim o carinho de um pai e passou a me visitar em meu leito de doente terminal.

Durante o período em que acompanhou o meu gradual definhamento, padre Jerônimo procurava me confortar, falando sobre tesouros e alegrias a serem conquistados no céu e que são imensamente maiores que aqueles adquiridos na Terra.

— Mas, esses tesouros estão reservados para os justos, padre! No meu caso, em vez das alegrias celestiais, sei que o que me espera são os tormentos do inferno. Nunca fui um grande exemplo de amor e justiça; nunca me preocupei com generosidades, altruísmos e coisas desse tipo — eu dizia chorando.

— Sempre há tempo para o arrependimento, minha filha! Arrependa-se dos seus pecados e as portas do paraíso se abrirão para você.

— Desculpe, padre Jerônimo, mas eu não consigo acreditar nisso. Não sei bem como funcionam essas coisas, mas não entendo como é que todo o mal que fazemos aos outros pode ser esquecido e perdoado, pelo simples fato de nos arrependermos.

E passávamos horas conversando. Eu falava do meu passado, dos parentes que deixara tão distante, da vida irregular que tivera. Mas era quando falava do primeiro marido, que havia morrido num garimpo, que minha voz soava mais triste e desolada.

— Acho que ele foi a única pessoa que me amou de verdade, padre. E, sinceramente, foi também o único homem a quem eu verdadeiramente amei, mas descobri isso tarde demais. Tive a felicidade em minhas mãos e a joguei fora. Achava que só poderia ser feliz possuindo riquezas materiais. Consegui a riqueza, mas a felicidade andou muito distante de mim. Que ironia, padre!

E padre Jerônimo ficava olhando para mim, sem saber de que modo poderia amenizar aquele padecimento constante. Por mais que buscasse me confortar, suas palavras soavam vazias e infrutíferas, de nada servindo para aliviar tanta dor.

Indiferente ao meu sofrimento, Ramalho vivia num mundo à parte, desfrutando o prêmio recebido por me ter desposado, dilapidando as posses que, na verdade, nunca nos pertenceram.

Alegando dificuldade para conciliar o sono com os meus gemidos agônicos, ordenou que as serviçais se revezassem em cuidar de mim e passou a dormir num quarto separado.

Passava os dias ausente, envolvido em jogos, farras e orgias. Além disso, costumava levar mulheres para casa e, insensível à minha doença, trancava-se com elas no quarto que passara a ocupar, somando ao meu padecimento físico a dor moral de me ver traída de modo tão humilhante, dentro da minha própria casa.

E foi assim que eu desencarnei, sentindo-me completamente abandonada. O enterro do meu corpo, acompanhado por meia dúzia de pessoas, foi realizado numa tarde fria e chuvosa, que parecia retratar exatamente o estado de espírito da infeliz criatura que acabei me tornando.

O padre Jerônimo parecia ser a única pessoa a lamentar minha triste passagem. Emitiu uma sentida prece, pedindo a Deus que tivesse misericórdia de minha alma, permitindo que eu descansasse em paz. E, temendo que a chuva engrossasse antes que o corpo fosse totalmente enterrado, muniu-se de uma pá e auxiliou o coveiro a cobrir o caixão com a terra barrenta do cemitério.

Voltou para a casa paroquial, onde morava em companhia de uma velha governanta, com a batina enodoada de lama. Trocou-se, serviu-se com uma taça de vinho e, quando deu por si, estava chorando. Lágrimas piedosas de compaixão lhe deslizaram pela face, à imitação dos pingos da chuva que escorriam na vidraça da janela.

A minha fisionomia triste e escaveirada não o abandonava um só minuto, como a implorar por sua proteção amiga. A frase que eu tantas vezes repetira aos prantos martelava na memória do padre, como se fosse o refrão de uma música muito melancólica:

— Em vez das alegrias celestiais, sei que o que me espera são os tormentos insuportáveis do inferno, padre Jerônimo!

Capítulo 9

No inferno

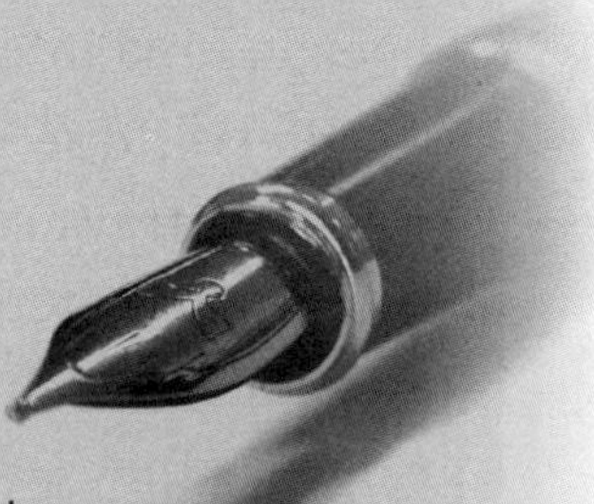

"Deus quer o progresso de todas as suas criaturas. Por isso, não deixa impune nenhum desvio do caminho reto. Não há uma única falta, quão leve seja ela, nenhuma única infração à sua lei, que não tenha inevitavelmente consequências mais ou menos deploráveis. Nas pequenas como nas grandes coisas, o homem é sempre punido pelo que cometeu."

O Evangelho segundo o Espiritismo – Cap. V, item 5

Após o meu desencarne, completamente desequilibrada, realmente acabei estagiando nos mais deploráveis submundos da esfera espiritual. Lá, esperavam-me, tomadas de ódio, as vítimas de minhas inconsequentes atitudes.

Deolinda apresentou-se com uma aparência horrível e riu muito ao ver as condições lastimáveis com que sua parceira de crime chegou àquelas tétricas paragens. A partir daquele momento, não mais economizou esforços, no sentido de me perseguir com seu incessante e progressivo sentimento de ódio. Usou todos os artifícios que conhecia para, como havia prometido, supliciar-me naquele verdadeiro inferno.

Como eu também me encontrava em total desequilíbrio devido aos sofrimentos físicos e morais dos últimos anos de minha estada na Terra, e admoestada ainda por uma consciência tremendamente pesada, entrei em sintonia negativa com minha ex-companheira de delitos, o que gerou uma imensurável batalha entre nós.

Pierre, que se apresentou a mim, logo a seguir, não demonstrava sentimentos de revolta. Mas seu semblante, terrivelmente sofrido, seu olhar triste e desolado representavam-me uma constante tortura. Um remorso causticante que quase me levava à loucura, pois eu não conseguia me livrar daquele tormento, sabendo que ele se matara por minha culpa.

Outros justiceiros, que se simpatizavam com Pierre e solidarizavam com a sua causa, também se uniram a ele para me cobrar aquela pesada dívida cármica. De modo que eu não conseguia ter um segundo sequer de tranquilidade nas esferas inferiores da pátria espiritual.

Outros Espíritos, também em total desequilíbrio, me aguardavam do outro lado. Uns, alimentando mágoas e revoltas, outros, ainda com esperança de conquistarem o meu coração. Eram os inúmeros amantes que eu tivera ao longo de minha inconsequente encarnação.

Um ilusório frenesi colocava em polvorosa os sentimentos daqueles Espíritos desequilibrados e levianos. Eu estava me sentindo a mais imunda das criaturas, cheia de dores, com meu corpo perispiritual deformado, malcheiroso, apodrecido pelo câncer, sem qualquer atrativo, e aqueles homens, hipnotizados, presos à imagem congelada em suas mentes da mulher bonita e sedutora que eu havia sido um dia. Incapazes de se livrarem de suas arrebatadoras paixões mundanas, ainda me desejavam ardentemente, como nos velhos tempos. Eles se corroíam de ciúmes e se digladiavam, disputando-me a atenção. Perseguiam-me e me molestavam o tempo todo, como animais no cio. Era o preço que eu pagava por ter sido tão vulgar.

Mas, de todos os inimigos que tive de enfrentar, o pior era Teodoro, que, uma vez desencarnado e cientificado de tudo o que sucedera, passara a nutrir por mim um ódio descomunal.

Rebatendo com veemência todas as tentativas de auxílio oferecidas pelos Espíritos benfeitores, que tentaram desestimulá-lo de se vingar, Teodoro se manteve irredutível em seu infausto propósito. Desejava a vingança a qualquer preço.

Após as infrutíferas tentativas de apaziguamento empregadas pelas entidades benfeitoras, que buscavam dissuadi-lo dessa degradante empreitada, a lei do livre-arbítrio precisou ser acatada e os trabalhadores da luz tiveram de se afastar temporariamente, deixando que Teodoro agisse conforme lhe ordenasse a consciência e cobrasse a dívida moral que achava justo ser resgatada.

Assim, uma implacável perseguição teve início e, durante muito tempo, um duelo cruel e odioso norteou nossa permanência na erraticidade. Eram lutas ferrenhas, nas quais Teodoro me subjugava impiedosamente, impondo-me as mais cruéis torturas psicológicas, as mais impiedosas humilhações, provocando em mim um padecimento implacável.

Com o passar do tempo, para me defender dos ataques do meu perseguidor, desenvolvi uma poderosa capacidade de reação. Comecei a retribuir à altura tudo de ruim que me era projetado. Assim, passei a nutrir por Teodoro um sentimento de ódio tão intenso quanto o que ele me devotava.

Eu e Teodoro nos encontrávamos naquelas precárias condições quando, anos mais tarde, ocorreu o desencarne de Ramalho. Ele havia sido assassinado por um adversário de jogo. Ramalho havia perdido uma grande soma em dinheiro numa rodada de carteado e recusara-se a pagar, alegando que havia sido roubado pelo oponente.

Inconformado, o jogador preparou uma cilada e acabou assassinando-o com vários tiros. Na verdade, Ramalho já não possuía dinheiro algum e as apostas eram apenas uma desesperada tentativa de sair do abismo financeiro em que havia se metido.

Já não bastassem as precárias condições morais com que o infeliz chegou à erraticidade, as projeções do ódio alimentado por mim e Teodoro criaram densos tentáculos fluídicos que o alcançaram e o envolveram, arrastando-o para o mesmo precipício de angústias e horrores no qual nos encontrávamos confinados.

O reencontro desencadeou um triângulo doentio de animosidades, alicerçado nos mais desprezíveis sentimentos de ódio, mágoa e ciúme. E assim permanecemos por um longo tempo naquele inferno criado por nossas escolhas equivocadas e pela nossa incapacidade de nos perdoarmos.

Capítulo 10

Peregrinação

"O amor resume inteiramente a doutrina de Jesus, pois é o sentimento por excelência, e os sentimentos são os instintos elevados à altura do progresso realizado."

O Evangelho segundo o Espiritismo – Cap. XI, item 8

Dois anos e meio após o meu desencarne, numa quinta-feira, ao sair da sacristia, onde se isolava diariamente para as preces matinais, o padre Jerônimo, dirigindo-se ao salão da igreja, percebeu que havia um homem solitário sentado na primeira fileira de bancos. Notou que se tratava de um estranho, pois, após várias décadas de sacerdócio naquela pequena cidade, ele conhecia todos os fiéis.

Tratava-se de um homem de aproximadamente 60 anos de idade, olhar triste e semblante cansado.

Ao ver o padre saindo da sacristia, o estranho se levantou e caminhou ao encontro dele.

— Bom dia! O senhor deve ser o padre Jerônimo, não é? — perguntou, com um sorriso amistoso.

O vigário confirmou, retribuindo àquele sorriso e estendendo a mão para um cordial cumprimento.

— Sim. Sou eu mesmo, meu irmão! Seja bem-vindo à nossa paróquia!

— Oh, que bom que o encontrei, padre! Preciso muito falar com o senhor.

— O senhor quer se confessar? — perguntou o religioso, apontando para o confessionário que ficava num canto da igreja. — Não estamos no horário das confissões, mas, se o caso for urgente, eu posso abrir uma exceção...

— Muito obrigado, padre! Mas, eu não vim aqui para confessar os meus pecados, embora reconheça tê-los em boa quantidade. No momento, estou precisando mesmo é de algumas informações.

O padre olhou mais detalhadamente para aquele homem e percebeu que havia um misto de tristeza e aflição em seu semblante. Colocou a mão no ombro do desconhecido e apontou para a porta.

— Então, vamos sair e conversar a céu aberto — disse, conduzindo-o em direção à porta. — Não vamos desperdiçar a brisa generosa que Deus nos oferta gratuitamente, nesta manhã tão linda!

E os dois se dirigiram para o adro da igreja, onde havia alguns bancos de mármore dispostos à sombra de umas amendoeiras. Era outono, nuvens muito brancas deslizavam suavemente sob um céu infinitamente azul. O silêncio daquela agradável manhã de sol ameno só era quebrantado pelo chilreio de uns pássaros dispersos entre os ramos das árvores.

Sentaram-se num dos bancos, e o homem, lançando um olhar esperançoso para o padre, tomou a iniciativa da conversa:

— Meu nome é Francisco, padre. Estou à procura de uma mulher que, segundo fui informado, vive ou viveu nesta cidade. Como me disseram que o senhor conhece todo mundo por aqui, achei que seria a pessoa mais indicada para eu procurar.

— Bom, se eu puder ajudar, farei com todo o prazer. Qual é o nome dessa mulher?

— Chama-se Adélia.

— Adélia? Este não é um nome muito comum... Eu realmente conheci uma mulher chamada Adélia.

— O senhor poderia me falar sobre ela?

— Mas, eu nem sei se estamos falando da mesma pessoa... Além disso...

— Além disso, o senhor não me conhece o suficiente para confiar em mim, não é, padre Jerônimo? Mas, por favor, não se preocupe. Eu não quero fazer nenhum mal a esta mulher. Pelo contrário, tenho passado a vida em busca dela, por amor.

O padre, que não estava entendendo nada, lançou um olhar obtuso para o estranho.

— Senhor Francisco — disse, por fim —, a Adélia que conheci era uma senhora casada. Primeiramente, com um fazendeiro desta região e, depois que enviuvou, contraiu novas núpcias.

— Mas, ela era nascida aqui?

— Não. Quem a trouxe para cá foi o coronel Teodoro, o fazendeiro que a desposou. Adélia chegou a este município bastante jovem, com uns vinte e poucos anos de idade.

— E como ela era fisicamente?

— Ah, era uma moça muito bonita!

E o padre Jerônimo, que tinha uma memória excelente, descreveu em detalhes a aparência física que eu possuía quando cheguei àquela cidade. À medida que ele falava, Francisco ia se emocionando e, ao final da narrativa do padre, ele estava com os olhos marejados.

— Essa mulher é a minha esposa, padre. É, sem dúvida alguma, a minha Adélia.

O vigário olhou muito sério para Francisco.

— Acho que não deve ser a mesma pessoa.

— Por quê?

— Porque a Adélia que eu conheci era viúva do seu primeiro marido. Não me lembro de haver falado o nome dele, mas ela me garantiu que o esposo havia morrido num garimpo.

— Num garimpo? Ela falou isso para o senhor?

— Sim! É como eu lhe disse: ela comentou que um amigo do marido, que havia viajado com ele para garimpar, assegurou que ele havia morrido após contrair uma grave pneumonia.

Francisco não conseguiu mais se controlar. Segurou o padre pelos ombros e suplicou:

— Padre, pelo amor de Deus! Esta é a minha Adélia. Fui eu que estive no garimpo e realmente contraí a tal doença. Fui considerado morto, mas, milagrosamente, sobrevivi. Passei um tempão isolado no mato... É uma história muito longa e muito louca. Depois que voltei e soube que ela havia abandonado nossa cidade, não tenho feito outra coisa, a não ser procurar por minha esposa. Se o senhor quiser, eu lhe conto depois toda a história, mas agora, por favor, me diga onde ela está.

O padre Jerônimo parecia duvidar de tudo aquilo. Ficou olhando para Francisco, parecendo não saber exatamente o que dizer àquele homem. Mediante o silêncio do padre, Francisco voltou a implorar:

— Por favor! Eu sei que é uma história muito estranha, mas é a mais pura verdade. Ajuda-me, padre! Diga-me onde encontrar Adélia.

— Seu Francisco — disse por fim o religioso, tentando impor à voz um tom de tranquilidade. — Eu disse ao senhor que "conheci" esta mulher...

— Sim. Eu me lembro que o senhor disse isto mesmo. Por acaso, ela se mudou? Não mora mais aqui?

— Bem... Não sei exatamente como lhe dizer... — e o padre baixou a cabeça, como se buscasse uma forma mais suave de dar a amarga notícia àquele homem. — Sua esposa...

E não houve necessidade de a frase ser completada para que Francisco compreendesse tudo. O sofrimento que essa realidade lhe provocou foi exposto com muita clareza em seu triste semblante. Lágrimas saltaram de seus olhos e lhe escorreram pelos sulcos profundos formados por antigas rugas. Um pesado silêncio recaiu sobre a paisagem, e a impressão que se teve naquele momento foi a de que até os pássaros abandonaram os chilreios, como se compreendessem e respeitassem a imensa tristeza que invadiu a alma de Francisco.

Só para quebrantar aquele doloroso silêncio, o padre perguntou:

— O senhor deve ter amado muito esta mulher, não é mesmo?

Francisco meneou a cabeça num gesto de negação e o encarou com os olhos banhados de lágrimas.

— Não, padre! Eu não amei essa mulher! Eu ainda a amo e vou amar para sempre, independentemente de onde ela se encontre.

E esta frase, dita entre soluços, foi a afirmação mais peremptória que o padre Jerônimo já ouvira em toda a sua vida.

Após mais alguns segundos de silêncio, Francisco retomou a conversa.

— O corpo dela foi enterrado aqui?

— Sim! — disse o padre, apontando para o cemitério que ficava nos fundos da igreja, cercado por um muro baixo, escurecido pela intempérie. — O senhor quer ver a sepultura?

— Gostaria muito, se for possível...

O padre sorriu com brandura, demonstrando profunda compaixão, e levantou-se. Tocou levemente no ombro de Francisco e pediu a ele que o seguisse.

Silenciosamente, transpuseram o portão de ferro que apartava o cemitério do adro e caminharam pelas veredas estreitas, entre cruzes e sepulturas. Francisco sentia o coração oprimido. O padre o amparava, comovido com o sofrimento daquele homem.

De repente, pararam defronte a uma sepultura, onde, numa lápide de mármore, encontrava-se estampado o meu retrato. Tratava-se de uma homenagem que o próprio padre Jerônimo se encarregara de me fazer.

Nessa foto, eu estava extremamente magra e envelhecida pela doença que havia minado as minhas energias, gradativamente, durante anos. Mas Francisco ficou convencido de que os meus olhos projetavam aquele mesmo brilho misterioso e fascinante que o enfeitiçara em sua mocidade. A seu ver, eu continuava sendo a jovem e bela esposa que em noites antigas dormira em seus braços e o fizera sonhar os mais magníficos sonhos, aqueles que são reservados somente às pessoas que amam de verdade e que fazem do seu amor uma inesgotável chama de esperança.

Aos prantos, Francisco olhou para o céu e, com os dois braços abertos, conversou com Deus. Mas não foi um desabafo de revolta e indignação; não foi uma cobrança pelas amarguras que o destino se lhe impusera ao longo da vida. Foi uma sentida e sincera prece de agradecimento:

— Obrigado, Pai! Muito obrigado por ter me permitido encontrar o paradeiro de minha amada esposa, ainda nesta existência. Agora, poderei descansar em paz, mas suplico ao Senhor que a ampare e proteja, estando ela onde estiver neste momento! Quanto a mim, Senhor, mantenho minha vida em Tuas mãos e aqui ficarei e Te servirei até o dia em que decidires que devo partir para outras esferas.

Depois, prostrando-se de joelhos, permaneceu um bom tempo rezando pela minha alma.

Diante daquela cena tão comovente, o padre Jerônimo também não conseguiu se manter de olhos enxutos. Admirou profundamente a atitude daquele homem diante do próprio sofrimento. Ele estava acostumado a lidar com a morte e era a primeira vez que testemunhava um ato tão nobre de renúncia e fé. Era bastante comum que os parentes dos mortos se revoltassem e dirigissem palavras de impropérios a Deus, ou que O desafiassem exigindo o retorno do defunto à vida.

Outras vezes, imperava a indiferença, porque a pessoa morta não era muito querida pelos parentes. Então ficava um vazio imenso, uma velada satisfação pela desejada partida. Olhares dissimulados; piadinhas cochichadas ao pé do ouvido; fingidas condolências... Em ambos os casos, o cenário era sempre constrangedor ou até mesmo repulsivo.

Por isso, a atitude de Francisco mexeu tanto com o padre Jerônimo, que chegou a se perguntar se ele mesmo, sendo um homem de Deus, teria condições de dar tão importante testemunho de amor, fé e resignação, num momento tão difícil.

E sentiu tanta simpatia e admiração por aquele homem, que o religioso decidiu convidá-lo para que o acompanhasse à casa paroquial.

— Sei que o momento não é dos melhores, seu Francisco, mas gostaria muito que o senhor me acompanhasse até minha casa e, se não lhe for um incômodo, que almoçasse comigo.

Francisco o olhou com gratidão.

— Aceito o convite, padre, com muita honra. Só não lhe garanto almoçar, já que dificilmente terei o apetite despertado tão cedo.

O vigário ficou satisfeito com o aceite de Francisco. Na verdade, ele estava bastante curioso para conhecer a história de vida daquele estranho e carismático homem.

— Não tenha tanta certeza disso! Às quintas-feiras, Geralda, a governanta, que é uma cozinheira de mão cheia, costuma fazer um delicioso quitute para o almoço. O senhor não vai resistir — disse o padre, sorrindo.

Depois, apoiou a mão no ombro de Francisco e seguiram em passos lentos rumo à casa paroquial.

Capítulo 11

O curandeiro

"O verdadeiro cristão só vê seus semelhantes como irmãos, e não consulta, antes de socorrer aquele que tem necessidade, nem sua crença, nem sua opinião sobre o que quer que ela seja."

O Evangelho segundo o Espiritismo – Cap. XV, item 19

Naquela tarde, após o almoço no qual Francisco mal tocou na comida, ele contou ao padre a sua incrível história.

Após me deixar, para ir atrás do ouro, meu primeiro marido enfrentou as condições mais adversas da sua vida. O local onde se realizava o garimpo era um verdadeiro inferno, infestado de homens que mais pareciam animais selvagens; agressivos e intolerantes. O alojamento era um galpão precário improvisado no meio da mata, onde se dormia em redes e cada um preparava a sua comida em pequenos fogareiros de pedra.

Os mantimentos, bebidas, fumo e outras mercadorias eram comprados de um negro chamado Galdino, que passava quinzenalmente, transportando os produtos numa carroça.

Ali, as condições de higiene eram mínimas; o risco de se contrair uma doença grave ou de ser picado por cobras venenosas era imenso e, por isso, a morte rondava aquele ambiente com uma naturalidade incrível. Sem contar as constantes brigas e as disputas que, invariavelmente, terminavam em assassinatos.

Francisco estava há mais de um ano naquele lugar e se encontrava totalmente arrependido de haver se metido naquela aventura. Apesar de trabalhar feito um desesperado, não conseguira encontrar ouro algum, e o desânimo havia lhe tomado conta do espírito. A saudade que sentia de mim tornara-se uma doença incurável, que quase o levava à loucura. Passou a sonhar comigo todas as noites e, escondido dos outros garimpeiros, às vezes se pegava chorando.

A vontade de voltar era muito grande, mas voltar como? Não havia mais dinheiro, não conseguira garimpar nada... Como voltar de mãos abanando e me encarar, depois de me haver prometido riquezas? Como iríamos sobreviver, se agora nem mais a pequena loja ele possuía? Não! Definitivamente, não havia a menor possibilidade de retornar à antiga vida, pensava ele, com o coração oprimido pela angústia e o espírito tomado pelo desânimo.

Assim, Francisco foi acometido de uma tristeza imensa que minou as suas forças, e a doença terminou por atacar-lhe os pulmões. Foi acometido de uma grave pneumonia e ninguém dava mais nada pela sua vida. Largado a um canto, sem disposição para trabalhar, ficava jogado em sua rede, delirando, ardendo em febre, esperando apenas o momento em que a morte o libertasse daquele flagelo.

Um dia, Francisco amanheceu tão quieto em sua rede, que os companheiros chegaram à conclusão de que estava morto. Naquele mesmo dia, Galdino visitou o garimpo para vender suas mercadorias e pediram a ele que levasse e enterrasse o defunto em algum lugar, no meio da mata. Como pagamento, deram ao negro uma pequena quantia de dinheiro que Francisco mantinha guardada e completaram com um rateio feito entre alguns deles.

O negro, com seus braços imensos e fortes, enrolou Francisco na própria rede, jogou-o às costas e o levou, como se fosse um grande embrulho. À passagem dele, alguns homens tiravam o chapéu, faziam o sinal da cruz e sussurravam uma breve oração de encomenda daquela alma.

Após uma hora de viagem, já estando bem no meio da mata, Galdino parou a carroça e, munido de uma pá, cavou uma sepultura, à sombra de umas árvores robustas. Após o exaustivo trabalho, dirigiu-se à carroça a fim de pegar o corpo para enterrá-lo.

Só então, percebeu que a rede onde o corpo estava enrolado era de boa qualidade e se encontrava em perfeitas condições de uso. Seu espírito prático de comerciante falou mais alto e ele concluiu que seria um desperdício enterrar algo que poderia lhe render alguns cobres a mais. Assim, decidiu desembrulhar o corpo, antes de enterrá-lo.

Ao descobrir o rosto de Francisco, o negro, que morria de medo de assombração, levou um susto tão grande, que deu um grito, benzeu-se e saiu numa louca correria; os cabelos em pé, a pele arrepiada, o coração aos solavancos... Completamente tomado pelo pavor.

Ele só decidiu voltar para junto da carroça muito tempo depois, quando a tremedeira das pernas havia finalmente abrandado e o coração voltara a bater em ritmo mais ou menos compassado.

Ocorre que o suposto defunto não estava morto coisa alguma. O susto de Galdino se dera em função de ter acreditado naquela morte. Em nenhum momento lhe disseram que havia a possibilidade de Francisco estar vivo, porque, na verdade, ninguém acreditava que estivesse. Galdino se desesperou ao ver que o "morto" estava com os olhos abertos e, delirando de febre, implorava com muita dificuldade:

— Água... Água... Pelo amor de Deus!

Inicialmente, o negro ficou indeciso sobre o que fazer. Depois, mais calmo, conseguiu refletir. Convenceu-se de que tudo não passara de um grave engano. Usando de uma cabaça que sempre carregava consigo, colheu água num pequeno córrego que passava próximo dali e a deu ao enfermo. Depois o conduziu para a pequena aldeia, onde vivia com sua família.

A aldeia era, na verdade, um quilombo, formado por escravos libertos e alguns poucos fugitivos. Viviam ali algumas dezenas de pessoas. O líder do grupo era um negro centenário chamado Felício. Um competente benzedor que cuidava da saúde física e da ordem espiritual daquele povo. Foi esse homem quem tratou Francisco com infusões, banhos de ervas medicinais e muita oração.

Francisco não tinha a menor noção de quanto tempo permaneceu sob os cuidados de Felício, até o dia em que sua consciência foi restabelecida e ele pôde entender, por fim, o que estava acontecendo.

Após ser informado por aquele enigmático e caridoso negro sobre tudo o que se passara, meu marido lhe ficou imensamente agradecido. Mas Felício não aceitou os agradecimentos, limitando-se a apontar para o céu e dizer, sorrindo:

— Agradece a Nosso Sinhô, meu fio! É Ele que faz tudo acontecer!

Bastante fragilizado pela doença, Francisco viveu naquele quilombo por oito meses, sendo muito bem tratado por todos.

Galdino nada contou aos homens do garimpo sobre a sobrevivência de Francisco, por achar que, em função disso, poderiam pedir de volta o dinheiro dado a ele. Foi por esse motivo que acreditaram e espalharam a notícia de que meu marido havia morrido e que, a exemplo de tantos outros garimpeiros, fora enterrado numa cova rasa, dentro da mata que circundava a região do garimpo.

Essa foi a notícia que chegou, um tempo depois, aos meus ouvidos e me deu a certeza de que estava viúva e de que deveria tocar a vida por conta própria.

Enquanto esteve entre os negros, Francisco, que estava internado num casebre isolado dos demais, e que era ocupado apenas por Felício e ele, percebeu que o velho acordava todos os dias às quatro horas da manhã e se mantinha em oração até as seis horas.

Intrigado com aquela rotina, meu marido perguntou um dia ao curandeiro:

— Posso saber o que é que o senhor tanto pede a Deus, todos os dias?

E Felício, com o rosto sempre iluminado por um terno sorriso, respondeu:

— Eu não peço nada não, fio. Eu só agradeço!

Francisco se surpreendeu com a resposta. Como poderia uma pessoa, que tinha tudo para reclamar da vida, um ex-escravo subjugado, agredido e humilhado por seus donos, dedicar duas horas do dia para agradecer a Deus?

E aquela foi apenas a primeira das muitas lições de devotamento espiritual que meu marido aprenderia com aquele homem tão virtuoso.

Felício disse a Francisco que havia sido informado uma semana antes sobre a sua chegada ao quilombo.

— Um amigo do fio me pediu pra lhe tratar — disse o negro.

— Um amigo meu? Que amigo? — perguntou Francisco, intrigado com aquela informação.

— Um que vive do lado do fio, mas que o fio não pode ver — explicou o negro, olhando sobre a cabeça de Francisco, mostrando que podia visualizar o tal amigo dele.

Francisco sentiu um arrepio na espinha.

— O senhor está falando de um Espírito?

Felício, sempre sorrindo, confirmou com um aceno de cabeça.

Francisco se benzeu.

— Um Espírito, seu Felício? Deus me livre e guarde dessas coisas!

O negro deu uma gostosa gargalhada e disse:

— Tem medo, não! Ele é amigo! E é por causa dele que o fio tá curado.

Capítulo 12

Fortalecimento

"O Espiritismo, como outrora minha palavra, deve relembrar aos incrédulos que acima deles reina a imutável verdade: o Deus bom, o Deus grande, que faz germinar a planta e eleva as ondas."

O Evangelho segundo o Espiritismo – Cap. VI, item 5

Com o passar do tempo, Francisco, à medida que ia se fortalecendo e conhecendo os dons espirituais de Felício e a sua imensa elevação moral, foi se apegando a ele. Felício era um excelente benzedor e tratava com muito carinho de sua gente. Era raro um dia que não precisasse tratar de alguém, e ele o fazia sempre com muita dedicação e boa vontade. Também sempre agradecia a Deus pelas graças recebidas, quando o atendido apresentava sinais de melhora.

Um dia, vendo-o cuidar de um menino que havia sido mordido por uma cobra, Francisco ficou impressionado com a rapidez com que a criança melhorou. Além das orações, que entoava num cântico choroso, enquanto benzia o enfermo, Felício usava ervas medicinais, raízes e gordura extraída de alguns animais silvestres, como o lagarto. Usava também, entre outras coisas, óleo extraído da mamona, cera de abelha e até teia de aranha em seus tratamentos.

— Felício, onde foi que você aprendeu tudo isso? Como consegue saber que tipo de medicamento utilizar em cada enfermidade? — perguntou Francisco.

O negro encarou o meu marido com muita seriedade e explicou que há muita coisa no mundo que os olhos não veem, os ouvidos não ouvem e as mãos não tocam, mas que não é por isso que tais coisas deixam de existir. Para citar um exemplo bem simples, comentou:

— O vento não é assim? Ninguém vê o vento, mas ele não existe?

Francisco ficou olhando para Felício com o mesmo olhar interrogativo de antes, dando mostras de que não havia entendido muito bem. Então, o negro prosseguiu:

— É bobagem a gente pensar que tá sozinho no mundo, fio.

E falou das pessoas que, embora desprovidas de um corpo material, vivem ao nosso lado o tempo todo, participando ativamente das nossas vidas.

— Quer dizer que são essas pessoas que lhe orientam?

— Isso! Agora o fio entendeu?

E explicou como algumas dessas pessoas invisíveis aos olhos materiais o orientavam, no momento de cuidar dos enfermos que o procuravam. Em sua linguagem simples, Felício disse que as via sem ser com os olhos e ouvia sem ser com os ouvidos, mas que eram elas que diziam a ele o que deveria ser feito em cada caso.

— Quer dizer que são Espíritos do bem?

— Isso, fio! Gente que gosta de ajudar os outros.

E essa explicação foi muito importante para Francisco, pois ele acabou se convencendo de vez sobre a existência de equipes espirituais que atuavam junto àquele benfeitor, orientando-o nas tarefas a serem executadas. De outra forma, como explicar a eficiência dos trabalhos de cura desenvolvidos por Felício? Como explicar a fé inabalável e a sabedoria daquele homem aparentemente inculto?

Não. Definitivamente, Felício não agia sozinho, pensou Francisco, convencido de que as conversas que o negro travava com amigos invisíveis não era fruto de caduquice alguma. Ele realmente via aquelas pessoas e se aconselhava com elas.

Francisco passou a nutrir um imenso respeito por Felício e por seus invisíveis aconselhadores. A convivência com aquele bondoso negro foi o grande divisor de águas na vida do meu marido. Após aquela inesquecível experiência, sua visão sobre o mundo e as pessoas que o habitam nunca mais seria a mesma.

Numa madrugada, quando Felício se preparava para iniciar suas orações, Francisco pediu para acompanhá-lo. E, a partir daquele dia, passaram a fazer juntos a prece matinal.

Depois conversavam bastante e, a cada dia, Francisco ia se convencendo de que a vida possui muito mais elementos do que aquilo que realmente nos mostram os cinco sentidos físicos. Felício lhe deu muitas mostras da manifestação dessas entidades espirituais, com as quais dialogava de maneira bastante natural.

— Fale um pouco mais sobre esses seres sobrenaturais — pediu Francisco.

Felício, sempre sorrindo, respondeu:

— Sobrenatural nada, fio! É gente como nós! Gente que já teve corpo como o nosso e que agora tá por aí, zanzando no mundo das Almas. Um dia, eles vêm pra cá e nós vamos pro lugar deles. É assim que acontece!

— E como são eles, moralmente?

— Como a gente, fio! Quando é do bem, faz coisas boas; quando é do mal, faz coisas ruins e atrapalha a vida dos outros.

A simples e óbvia resposta do negro deixou Francisco ainda mais curioso.

— E esse amigo que o senhor falou que me acompanha; ele é do bem?

— Cada um tem o amigo que merece. O amigo do fio tem no coração o mesmo tipo de sentimento que o fio tem.

E os diálogos que os dois travavam foram despertando os conhecimentos espirituais que Francisco já possuía, mas que se encontravam adormecidos em seu consciente. Francisco era um Espírito nobre; um homem que, em diversas encarnações, estivera junto a mim, tentando modelar a minha personalidade, auxiliando-me a buscar o crescimento moral. O amor que ele me devotava era, portanto, muito antigo e alicerçado em bases bastante sólidas.

Naquela encarnação, uma vez mais, nos fora permitida a convivência. Se eu não tivesse sido tão ambiciosa e houvesse permanecido ao lado dele, certamente teria tomado um rumo muito diferente na vida e, consequentemente, não teria sofrido tanto. Mas, a ilusão do poder e da ambição – más inclinações que me acompanhavam há tanto tempo – me fizeram seguir o tortuoso caminho da perdição e me conduziram às espinhosas veredas das dores e aflições que acabei buscando naquela encarnação.

Um dia, não conseguindo conter a saudade que sentia de mim, Francisco, num desabafo lamentoso, perguntou a Felício se ainda viveríamos juntos. O negro sorriu com ternura e disse ao meu marido que certamente iríamos nos encontrar muitas vezes, mas que não seria naquela vida.

— O fio e essa moça não vão se juntar mais nessa vida porque faltou merecimento. Faltou cumprir o combinado. A ganância foi mais forte que o amor.

— Como assim? — perguntou Francisco. — Quer dizer que é proibido desejar ficar rico?

— Não é isso, fio! Acontece que não basta a gente querer as coisas. A gente precisa merecer, e Nosso Sinhô só dá aquilo que não vai fazer mal pra gente.

— E desde quando riqueza faz mal para alguém?

— Pra alguns faz muito mal. Acho que a moça que tá deixando o coração do fio tão pesaroso já mostrou noutra vida que não sabe lidar com dinheiro sem fazer maldade com os outros. É por isso que precisa sofrer. A dor é o remédio amargoso que tem curado muita gente teimosa, de coração duro!

— Quer dizer, então, que eu não mereci viver com a Adélia nesta vida? — perguntou Francisco, com certo despeito.

Felício voltou a encará-lo com serenidade e respondeu com muita convicção:

— Na verdade, foi a moça que não fez por merecer a companhia do fio!

Essa conversa com Felício, Francisco não entendeu muito bem, ou fingiu não entender. Ficou tão chateado com a possibilidade de não mais me reencontrar, que nunca mais voltou a tocar neste assunto. Como a informação contrariava os seus interesses, preferiu acreditar que, neste aspecto, Felício estava redondamente enganado.

Decorrido mais algum tempo, Felício disse a Francisco que ele já poderia voltar ao garimpo.

— O fio agora tá fortalecido do corpo e da alma.

E disse a ele que voltasse ao trabalho, mas que fizesse diferente dessa vez. Que procurasse ficar apartado dos garimpeiros inescrupulosos e não se deixasse contaminar pelas maldades deles. Mandou que se mantivesse em prece, sempre com os pensamentos elevados a Deus e que seguisse as intuições, pois o amigo espiritual o estaria orientando.

— Não sei se quero voltar para o garimpo, Felício. Ainda não me sinto forte o bastante para voltar àquela vida...

— Ah, o fio vai voltar, sim! Vai levar o que veio buscar aqui. Precisa ter fé em Nosso Sinhô! Merecimento o fio já tem.

E foi assim que Francisco voltou a garimpar, mas estava visivelmente desanimado, pois achava que aquele projeto seria inviável. Seguindo os conselhos de Felício, procurou se orientar por seus instintos e, assim, buscou lugares isolados, onde o rio ainda era praticamente virgem e a possibilidade de encontrar ouro era considerada nula. Mas foi justamente nesses lugares que ele viu, aos poucos, o seu trabalho começar a render frutos.

Não se tratava de grandes quantidades de ouro, mas, ao contrário, de quantidades muito reduzidas. Ainda assim, Francisco foi acumulando aquelas diminutas porções e pediu a Felício que as guardasse para ele.

Durante mais de um ano, trabalhou incansavelmente naquela fatigante rotina. Um dia, sentiu uma vontade incontrolável de ir embora e procurou o negro para se aconselhar. Mas, antes que dissesse qualquer coisa, Felício o olhou com carinho e se antecipou:

— Tá querendo ir embora, não é?

As adivinhações de Felício já não o surpreendiam, por isso ele apenas confirmou, acenando com a cabeça.

— Já tava na hora — disse o negro. — Aqui não é lugar pra gente feito o fio viver, não.

E Felício abriu uma velha canastra, de onde retirou um embornal de couro cheio de pequenos pedriscos de ouro e o entregou a Francisco.

Ao ver a quantidade de ouro, Francisco se assustou.

— De quem é isto? — perguntou.

— É do fio, ué!

— Como assim, meu? Eu não garimpei isso tudo...

Felício voltou a sorrir:

— Garimpou, sim! De bocadinho em bocadinho, com tanta vagareza, que o fio nem notou. É assim que Nosso Sinhô abençoa as suas crias! Ele dá muita coisa e o povo nem nota. É porque Ele faz tudo bem sossegado, sem correria, no tempo certo!

Francisco passou mais dois dias ouvindo os conselhos de Felício, orando com ele e se preparando para a longa viagem. No primeiro trecho ele seria transportado na carroça de Galdino, que o deixaria no município mais próximo. Depois, seguiria por sua conta.

De todos os ensinamentos obtidos junto a Felício, o que ficou mais latente em sua consciência foi a importância de se fazer a caridade, ajudando sempre os necessitados.

Capítulo 13

De volta

"Em verdade vos digo: os que carregam seus fardos e assistem seus irmãos são meus bem-amados. Instruí-vos na preciosa doutrina que dissipa o erro das revoltas e que vos ensina o objetivo sublime da prova humana."

O Evangelho segundo o Espiritismo – Cap. VI, item 6

Assim, com uma situação financeira razoável, Francisco retornou para a cidade onde havíamos nascido. Estava muito ansioso para se reencontrar comigo. Mas, para grande decepção, encontrou a nossa casa ocupada por outros moradores e soube que eu a havia vendido.

Naquele momento, sentiu um imenso aperto no coração e se lembrou da advertência de Felício de que não voltaríamos a nos encontrar naquela vida. Mas, lutando contra os maus presságios, procurou se convencer de que aquilo não era verdade. Achou que eu poderia ter voltado à casa de meus pais e se dirigiu para lá.

Sua chegada à casa de minha família acabou sendo até engraçada, pois todos acreditavam que ele estivesse morto. A noite estava se iniciando quando Francisco atravessou a pequena porteira que divisava o quintal e os campos. Meu pai ainda não havia voltado do trabalho e um dos meus irmãos, que estava à janela e o viu chegando, deu um grito desesperado e jurou que estava vendo uma assombração.

— O marido da Adélia está vindo aí! — gritou apavorado.

Minha mãe, que estava assoprando uns tições no fogão a lenha, virou-se e ralhou com ele:

— Tenha mais respeito com os mortos, menino!

Ela mal acabou de completar a frase e deu de cara com Francisco, que acabara de entrar pela porta da cozinha.

A correria foi generalizada. Minhas irmãs e irmãos saíram em debandada, abandonando a casa e, agarrados uns aos outros, infiltraram-se num canavial que circundava o terreiro. Mamãe, que permanecera com as pernas paralisadas, sem conseguir se mover, ficou coçando os olhos feridos pela fumaça dos tições, tentando enxergar o genro que deveria estar morto e enterrado, mas que ali se encontrava, bem na sua frente, com um sorriso impregnado de saudades.

Sem entender nada do que estava se passando, Francisco a abraçou calorosamente.

— Que saudade da senhora, minha sogra!

E a resposta que ouviu de uma voz trêmula, entrecortada pelo susto, enquanto mamãe se benzia, foi:

— Deus me livre e guarde, minha Nossa Senhora dos Aflitos!

Somente mais tarde, após Francisco ter explicado todo o ocorrido à minha mãe, foi que meus irmãos reapareceram, um a um e, ainda cismados, estenderam a mão para cumprimentá-lo. Ele teria se divertido muito com aquela situação, não fosse a apreensão em saber sobre o meu paradeiro.

E com o coração apertado pela angústia, foi informado de que eu havia desaparecido da cidade há um bom tempo e que ninguém fazia a menor ideia de onde eu estava.

A princípio, Francisco não soube o que fazer, mas depois acreditou que havia uma grande possibilidade de que eu retornasse um dia àquela cidade. Então, comprou de volta a casa que nos pertencera e a reformou. Pintou-a com cores alegres, comprou mobília nova e belas cortinas. Readquiriu também a antiga loja, ampliou-a e a abasteceu com variados gêneros de consumo.

Em pouco tempo, o comércio estava dando um rendimento considerável ao meu ex-marido. E o movimento era tanto, que Francisco resolveu contratar dois dos meus irmãos para auxiliá-lo.

Usando parte dos recursos que possuía, Francisco comprou uma propriedade de tamanho razoável e a deu de presente à minha família. Meu pai pôde, finalmente, cultivar as suas próprias terras e, com o auxílio dos meus irmãos, acabou se tornando um próspero sitiante.

A antiga pobreza que rondara os meus entes queridos já não mais existia e, ironicamente, a única pessoa que vivia reclamando da vida não mais estava ao lado deles para desfrutar esse novo momento de prosperidade. Justamente eu, que tanto almejara uma vida rica e confortável, encontrava-me distante de tudo aquilo, buscando de maneira desleal uma riqueza que acabaria me tornando extremamente infeliz.

Para Francisco, tudo parecia muito bem. Fora bem-sucedido no garimpo; estava fisicamente saudável, bem disposto, uma situação financeira invejável, mas a tristeza era a tônica dos seus dias.

Assim, os anos foram se passando lentamente e a solidão que norteava a vida de meu ex-marido começou a incomodar as pessoas que o prezavam e que agora não eram poucas, porque, seguindo as orientações de Felício, ele decidiu transformar a sua vida em um ofertório de caridade.

Então, passou a ajudar muita gente necessitada, mitigando a fome e o frio dos que perambulavam pelas ruas. Com o auxílio do padre e de pessoas interessadas em amparar o próximo, construiu um abrigo para atender aos que viviam ao relento. Mendigos, velhos escravos improdutivos abandonados por fazendeiros sovinas, andarilhos que passavam pela cidade em intermináveis caminhadas, pessoas com doenças contagiosas que eram abandonadas pela família, crianças órfãs... Todos encontravam naquele abrigo, que era mantido com recursos materiais doados pelo meu marido, o abrandamento das suas dores físicas e morais.

A fama dos benefícios oferecidos por Francisco ganhou distâncias e, em pouco tempo, solicitações de auxílio de cidades vizinhas começaram a alcançá-lo. A todos os pedidos sérios e capazes de serem atendidos, Francisco o fazia com boa vontade. Para seu espanto, percebeu que quanto mais ajudava às pessoas, mais recursos via entrar em sua loja, que crescia cada vez mais.

Um dia, meu pai o procurou e lhe fez uma proposta:

— Você é um bom homem — disse-lhe meu pai. — Eu e a patroa não achamos justo que fique o resto da vida sozinho, sem uma companheira para alegrar os seus dias. Sabemos que, aos olhos de Deus, você ainda está casado com Adélia, mas...

Nesse ponto da conversa, o meu pai titubeou.

— Pode dizer, meu sogro. O que o preocupa, afinal? — perguntou Francisco, encorajando-o.

Meu pai raspou a garganta.

— Bom, nós não sabemos o que aconteceu com Adélia. Ela pode estar morta a essas alturas... Pode ter se casado com outro homem...

Francisco fechou os olhos, num gesto de contrariedade. No fundo, ele já havia considerado aquelas hipóteses, mas não gostava de pensar naquilo. Papai percebeu o mal-estar que havia provocado no genro e quase se arrependeu de haver iniciado aquela conversa, mas não havia mais como recuar:

— Meu filho, preste atenção no que vou lhe dizer, porque é muito importante. Nós temos outras filhas... Nesta cidade tem poucos homens de bem como você... Eu e a minha esposa o estimamos muito e... Se você quiser, nós faremos muito gosto que tome uma delas por companheira... Que refaça a sua vida... Que tenha seus filhos...

Aquela conversa surpreendeu Francisco. Ele sabia que era muito querido pela minha família e também nutria por eles um carinho imenso, mas aquela proposta superava todas as expectativas. Realmente, eu possuía três irmãs, todas mais jovens e tão bonitas quanto eu. Francisco teria o privilégio de escolher a que mais lhe agradasse. Era um homem ainda jovem, bonito, educado e bem-sucedido. Seria um marido perfeito para qualquer uma delas.

Um pesado silêncio antecedeu a resposta de Francisco. Papai estava apreensivo, não sabia de que modo o genro encararia a proposta, embora ele a estivesse fazendo com a melhor das intenções. Seu objetivo era tentar apagar do semblante daquele generoso rapaz a marca triste do abandono e da solidão que eu havia inserido em sua alma.

— Meu querido sogro — respondeu Francisco, por fim. — Eu compreendo a sua preocupação e agradeço imensamente ao senhor e à sua esposa pela generosa oferta que me fazem. Entretanto, espero que não considerem como despeito o que vou dizer, mas não há ninguém neste mundo que possa substituir o espaço que um dia foi ocupado por Adélia, em meu coração. Adoro a sua família e sei que as suas filhas serão excelentes esposas para os seus maridos, mas eu prefiro continuar esperando que Adélia volte um dia para o nosso lar. Se não for assim, prefiro manter meu coração ocupado apenas pelas lembranças dos bons momentos que passei ao lado da sua filha. Agindo de outro modo, eu estaria sendo desonesto para com as pessoas, mas, principalmente, para com os meus próprios sentimentos.

Papai ficou emocionado diante daquele testemunho de fidelidade e passou a admirar ainda mais o caráter de Francisco. Abraçou-o carinhosamente. Mas logo saiu apressado, com medo de não conseguir conter a vontade de chorar que o acometeu naquele momento.

Mais tarde, deixando a emoção falar mais alto, papai diria à minha mãe:

— Nunca vi um amor tão forte e tão sincero como o desse rapaz!

— Pois eu já vi! — contestou minha mãe, segurando as mãos calejadas dele.

Ela estava falando do amor, também sincero e forte, que sentia por meu pai.

Francisco aguardou mais alguns anos e, tendo finalmente se convencido de que eu não voltaria, deixou os negócios sob a direção dos meus irmãos e decidiu ir à minha procura. Sabia que era uma missão impossível, mas, mesmo assim, percorreu enormes distâncias e passou por muitas cidades.

Assim que chegava a um município, procurava saber quem era a pessoa mais bem informada dali. Uma vez localizada a pessoa, Francisco a procurava e fazia perguntas a meu respeito. Às vezes, seguindo uma pista falsa, deparava-se com mulheres que nada tinham a ver comigo, mas não desanimava nunca.

De tempos em tempos, retornava à nossa cidade, esperançoso de me encontrar esperando por ele, mas terminava sempre decepcionado.

Então, visitava meus pais. Contava-lhes as novidades, passava uns dias com eles e novamente partia à minha procura. Desta forma, a vida seguiu seu curso, Francisco envelheceu sem notar e, em seu coração, a chama da esperança de me reencontrar nunca se esgotou.

Agora, a busca finalmente havia acabado. Encontrara-me, por fim. Não da forma como esperava, mas, de qualquer modo, isto lhe trazia um imenso alívio à alma. De algum modo, sentia que sua jornada não fora em vão.

Após narrar sua história a um comovido padre Jerônimo, Francisco disse que pretendia ficar morando naquele município.

— Pretendo voltar à minha cidade apenas para comunicar aos pais da Adélia, que já estão velhinhos, sobre o paradeiro dela. Vou lavrar um testamento, doando parte dos meus bens aos parentes dela; quero garantir também as condições necessárias para o prosseguimento do trabalho assistencial que lá iniciei e depois volto para cá. Queria apenas lhe pedir um favor, padre, se for possível.

— Do que se trata?

— Eu gostaria de cuidar do cemitério. Percebi que as sepulturas estão abandonadas, que o mato está tomando conta de tudo...

— O problema é que o zelador do cemitério, que é funcionário da prefeitura, é um homem bom, mas tremendamente preguiçoso — explicou o padre, com um certo constrangimento. — Além disso, bebe muito. Já pedi ao prefeito para substituí-lo, mas, até agora, nada.

— Ótimo! — disse Francisco. — Então não há por que não aceitar a minha proposta, não é? Quero cuidar da sepultura da Adélia, plantar flores... Não por acreditar que ela esteja lá. Eu aprendi com o Felício que a morada do Espírito não é a mesma da carne, mas, ainda assim, quero oferecer este carinho a ela.

— Por mim, está tudo bem — respondeu o padre.

E foi assim que Francisco, após retornar da viagem em que tomou todas as providências necessárias, tornou-se um dedicado zelador do cemitério da nova cidade que o acolheu, cuidando, não só da lápide onde se encontravam os meus restos mortais, mas de todas as sepulturas daquele cemitério.

Demonstrou ser um exímio jardineiro e não houve quem não reconhecesse e não elogiasse o belo trabalho ali desenvolvido. O antes sombrio e abandonado cemitério tornou-se um lugar de aspecto bem mais agradável. As lápides limpas e bem cuidadas; o muro sempre branquinho, pintado a cal, e muitas flores a enfeitar as campas.

Francisco e o padre Jerônimo se tornaram grandes amigos e tiveram a alegria de compartilhar alguns anos de suas vidas. Eram dois Espíritos elevados que, convivendo juntos, partilharam muitas experiências caritativas e evoluíram ainda mais as suas nobres qualidades morais.

Francisco desencarnou aos 68 anos de idade, enquanto dormia. O laudo médico não foi conclusivo sobre a *causa-mortis*, mas ele morreu sem uma queixa sequer e, obedecendo a um insistente pedido dele, o padre Jerônimo enterrou seu corpo ao lado do meu, na mesma sepultura que ele, durante anos, havia cuidado com tanto zelo.

Capítulo 14

Resgate

"Homens fracos, que estais limitados às trevas de vossas inteligências, não afasteis a chama que a clemência divina coloca em vossas mãos para iluminar o vosso caminho e para conduzir-vos, filhos perdidos, ao seio de vosso Pai."

O Evangelho segundo o Espiritismo – Cap. VI, item 5

Francisco chegou à pátria espiritual em condições que nada tinham a ver com a minha deplorável situação. O primeiro a recebê-lo foi Túlio, o amigo espiritual de quem Felício havia falado. Seu Espírito protetor era um leal companheiro de antigas épocas e o reencontro dos dois foi marcado pela emoção e pela alegria de verem suas missões devidamente cumpridas. Francisco e Túlio haviam se encontrado em diversas encarnações e essas experiências alicerçaram o amor fraterno que se dedicavam mutuamente.

— Então era você, meu irmão, que estava me orientando o tempo todo!

— É difícil conviver com a limitação das percepções físicas e com a lei do esquecimento, não é Francisco? Lembro-me das vezes que você negou a minha presença; inclusive de quando ficou assustado, no dia em que Felício falou a meu respeito.

— Cada encarnação é um recomeço, querido Túlio! A impressão que temos é a de que estamos começando do zero. Se soubéssemos o quanto somos antigos! Quanta experiência carregamos em nossa bagagem espiritual!

— A lei do esquecimento é mais um dos privilégios que nosso bondoso Criador nos legou. É graças a ela que não enlouquecemos enquanto encarnados, lembrando-nos de todos os débitos contraídos ao longo do tempo.

— É verdade, meu irmão! O ponto negativo é nos esquecermos também dos queridos amigos que deixamos deste lado.

E Francisco se calou, pensando em mim. Túlio percebeu a preocupação do amigo e o informou:

— Sinto adverti-lo que a situação da Adélia não é nada boa.

— Eu já estava pressentindo isso.

— Infelizmente, Adélia optou por uma vida cheia de deslizes, angariou persistentes inimigos e se encontra em região sombria do umbral, vivendo uma batalha cotidiana, defendendo-se e atacando os seus algozes.

— Quem são essas pessoas?

E Túlio, em poucas e escolhidas palavras, tentando ao máximo minimizar as minhas más ações, contou a Francisco tudo o que havia se passado desde que eu chegara à pátria espiritual. E falou, principalmente, de Teodoro, Ramalho, Deolinda e Pierre, as pessoas diretamente ligadas a mim, naquele processo de perseguição.

— O que eu percebo — disse ele — é que a Adélia e o Ramalho estão arrependidos dos seus erros e muito cansados de toda aquela perseguição, mas Teodoro, que continua inconformado e com muito ódio no coração, não quer saber de dar trégua aos dois.

— E Deolinda? — perguntou Francisco.

— Está reencarnada. Mesmo não tendo se arrependido dos seus erros e com o coração cheio de mágoa, precisou reencarnar para dar continuidade ao processo de aprendizagem. Relutou muito, pois pretendia se manter no umbral, participando da guerra particular declarada à Adélia, mas não houve jeito. A ordem para a sua reencarnação veio das esferas superiores!

— E quanto a Pierre?

— Esse rapaz se encontra bastante perturbado, mas não é propriamente mau. Está em tratamento para recuperação dos danos causados em seu perispírito, devido à ação devastadora do suicídio. Também está se preparando para nova encarnação dentro de algum tempo.

— Qual é a programação para eles? — perguntou Francisco.

— Devem se encontrar numa nova experiência encarnatória. Precisam conviver juntos para uma tentativa de apaziguamento.

Francisco deveria estar desolado. Mais uma vez eu o havia decepcionado, mas a nobreza do seu coração era algo impressionante.

— Túlio, eu gostaria muito de ver a Adélia, será possível?

— Acredito que as equipes socorristas, que têm visitado aquela região, devem resgatar, em breve, a Adélia e o Ramalho, já que os dois têm demonstrado sinceridade em seus sentimentos de arrependimento. Eles finalmente compreenderam que precisam de ajuda e têm feito sinceras orações, pedindo perdão a Deus por suas faltas. Acredito que estejam realmente em condições de se regenerarem.

— Você acha que eu poderei acompanhar os socorristas numa dessas excursões?

— Acredito que você ainda não possa acompanhá-los, Francisco, afinal você acabou de retornar. Precisa de um pouco mais de tempo para se readaptar à nossa rotina. Mas, assim que Adélia for resgatada, daremos um jeito de vocês se encontrarem.

E Francisco, sempre com muita paciência e confiança em Deus, ficou aguardando o momento de se encontrar comigo.

Algum tempo depois, realmente fomos resgatados daquele vale de tormentos. Eu me encontrava abatida, ainda me sentia suja e deformada. Fazia parte de um grupo de Espíritos em recuperação, que era supervisionado por uma equipe de trabalhadores, que nos orientava o tempo todo.

O lugar para o qual fomos conduzidos era imensamente melhor do que o anterior, onde eu havia passado os últimos anos de minha vida. Finalmente, estava livre da perseguição de Teodoro. Ramalho, embora tivesse sido socorrido junto comigo, também não se encontrava no mesmo grupo que eu.

Após um trabalhoso tratamento, que exigiu muita paciência e dedicação, começamos a nos reunir em um jardim, à sombra de umas árvores. Ali, ouvíamos palestras sobre os Evangelhos. Nesses encontros, éramos conscientizados sobre questões como o livre-arbítrio, a importância do amor incondicional, a fé em Deus, a humildade... Enfim, sobre tudo aquilo que Jesus Cristo apregoou em sua passagem pela Terra e que se encontram nos evangelhos.

Nesses momentos, eu pensava em todas as coisas erradas que havia feito e chorava copiosamente. Sabia que o plano espiritual era composto de diversas moradas e a que eu estivera após o meu desencarne era uma das piores. Sabia também que deveria reencarnar em breve para continuar o meu aprendizado; percebia que estava sendo preparada para isso e morria de medo de falhar de novo.

Queria, no meu próximo regresso à verdadeira pátria, após a futura encarnação, ter galgado alguns degraus; não mais precisar passar por todo aquele sofrimento. Mas sabia que seria muito difícil. Conhecia as minhas fraquezas, as minhas limitações, os meus vícios...

E foi assim que emiti sentidas e sinceras preces, implorando a Deus que me auxiliasse em minha nova empreitada. Que me ajudasse a não ser tão fraca, tão inconsequente dessa próxima vez.

Foi num desses momentos de prece que me deparei com Francisco. Quedei-me constrangida, sem saber como agir diante do homem com quem eu havia me casado e tratado com tanta indiferença, enquanto encarnada. Eu, que sempre me julgara tão melhor que ele, percebia agora como as coisas eram diferentes. Naquele ambiente, não havia a menor dúvida da imensa desigualdade existente entre nós. Francisco era infinitamente superior a mim em termos de moralidade e essa constatação me fez sentir muito mal. Essa superioridade podia ser sentida pelas vibrações salutares que se projetavam de seu perispírito; pela serenidade dos seus gestos; pela brandura do seu olhar.

Mais uma vez eu havia me equivocado. Fiquei tão constrangida com aquela constatação, que, quando dei por mim, estava ajoelhada, dando vazão a um pranto desesperado; implorando, de mãos postas:

— Perdoa-me! Perdoa-me, Francisco!

Ele se aproximou calmamente. Ajoelhou-se à minha frente e, encarando-me com muita brandura, secou meus olhos com os polegares.

— Não precisa me pedir perdão, Adélia! O amor que sinto por você é muito maior que qualquer coisa que você possa ter feito. Agradeçamos a Deus pela oportunidade deste reencontro e comemoremos este momento com alegria e gratidão! Deixemos de lado os sentimentos negativos, desperdiçando assim o pouco tempo que temos para ficarmos juntos.

Se as palavras de Francisco me acalmaram por um lado, por outro me deixaram apreensiva. Ele disse que ficaríamos juntos por pouco tempo. Agora, desprovida daqueles sentimentos ilusórios de ganância e egoísmo, após haver passado por tanto sofrimento, era incrível como eu percebia o meu imenso amor por aquele homem. Oh, como eu me arrependia de haver desperdiçado a oportunidade de ficar ao lado dele; de aprender com ele o verdadeiro sentido da palavra amor. Como eu fora tola e insensata.

Abracei-o tentando conter os soluços e me senti segura e protegida. Após tanto abandono e sofrimento, o aconchego daquele abraço me fez desejar que o tempo parasse, eternizando aquele momento tão prazeroso.

— Você disse "por pouco tempo"? — perguntei, sem coragem de encará-lo.

Francisco ergueu suavemente o meu rosto e, olhando em meus olhos, respondeu:

— Sim, meu amor! Em breve você precisará voltar à Terra para dar continuidade ao seu aprendizado. Terá uma experiência complicada, conviverá com seus desafetos e, por isso, pedi autorização para auxiliá-la daqui.

— Daqui? Quer dizer que você não estará comigo?

— Eu estarei com você o tempo todo, minha querida! Serei o seu protetor espiritual. Você não me verá, não me ouvirá e não se lembrará de mim, mas, se buscar com serenidade, no seu íntimo, sentirá a minha presença e, por meio da intuição, ouvirá os meus conselhos.

Francisco me envolveu ainda mais em seu abraço e então eu percebi que o amava com todas as forças de minha alma. Senti muita vontade de me nivelar a ele, pois percebi que somente desse modo, faria jus àquele amor tão puro e tão sincero.

Permanecemos enleados naquele abraço por um longo tempo. Aos poucos, fui-me acalmando e minha desolação foi sendo substituída por um forte sentimento de esperança. As energias salutares que Francisco me passou fortaleceram-me e inseriram em minha alma uma imensa necessidade de superação. A felicidade estava ali e eu poderia alcançá-la, desde que fizesse por merecer. Teria que moldar em mim uma nova personalidade; livrar-me da ganância, do egoísmo e da vaidade. Compreendi que somente assim poderia ser feliz ao lado de Francisco.

O tempo se passou muito rápido. A minha preparação para o reencarne prosseguiu sem que eu voltasse a ter qualquer contato com Ramalho, Pierre ou Teodoro. As palestras que acompanhei, naquelas reuniões sob a sombra das árvores e os encontros que tinha de tempos em tempos com Francisco, produziram em mim um fortalecimento espetacular.

Aprendi muito naquele período e, amparada pelos amigos espirituais que me auxiliavam na preparação para a nova tarefa, senti fortalecida em mim a fé em Deus e deixei de sentir tanto medo de fracassar. Sabia que tudo dependeria de mim mesma e estava decidida a não falhar desta vez.

Quando chegou o momento da minha reencarnação, Francisco me abraçou emocionado e, ao se despedir, disse-me:

— Seja forte, meu amor! Estarei cuidando de você, orientando-a por meio de inspirações que enviarei à sua mente. Procure cumprir a sua tarefa. Seja tolerante, humilde, e, acima de tudo, ame fraternalmente a todos. Daqui, enviarei a você todo o meu amor e farei muitas preces para que o Pai a abençoe e fortaleça nesta nova experiência. Vá com Deus, minha querida! Quando você voltar, estarei aqui, esperando-a de braços abertos, para comemorarmos cada pequeno degrau que você houver galgado.

E nossa despedida foi marcada por lágrimas de antecipada saudade que não consegui evitar. Entretanto, eu estava imensamente grata pela nova oportunidade que o Criador me concedia para recomeçar a tarefa que ficara inacabada. Eu sabia que aquela era a única forma de provar que eu havia mudado e que, finalmente, começaria a fazer jus às alegrias celestiais.

Segunda Parte

Capítulo 15

Nova jornada

"O homem, ao nascer, traz o que tiver adquirido; nasce como se fez. Cada existência é, para ele, um novo ponto de partida. Pouco importa saber o que foi: se é punido, é porque fez mal. Suas más tendências atuais são o indício do que nele resta a ser corrigido."

O Evangelho segundo o Espiritismo – Cap. V, item 11

A cena se dava num casebre rústico, em plena caatinga cearense. O calor daquela escaldante manhã de verão fazia aumentar as dores da contração e o desespero de uma parturiente em vias de dar à luz. Ela pressentia que o parto iria ser complicado, pois, desde a madrugada, vinha tendo a sensação de que uma adaga finíssima lhe rasgava o ventre e um tênue fio de sangue, de vez em quando, brotava de suas entranhas, dando uma amostra clara do que estava por vir.

Estavam em casa somente ela e seu filho Deoclécio. A preocupação da parturiente era pressentida pelo menino, à época com 10 anos de idade e que, por uma questão de respeito, mantinha-se em silêncio, apenas acompanhando a distância toda a angústia da genitora, esperando que ela se manifestasse para que ele tomasse as providências necessárias.

A mulher lamentava o fato de seu marido não se encontrar ali. Sua presença lhe daria um pouco mais de tranquilidade; ela se sentiria mais amparada. Mas qual! Com uma história até convincente de que precisava buscar melhores condições de vida, ele migrara para o sudeste, deixando a esposa e o filho entregues à própria sorte. O retorno garantido para breve, com a promessa de resgatar os dois daquelas paupérrimas paragens, ainda não acontecera. Aliás, nenhuma notícia havia sido enviada desde que ele se ausentara, 8 meses antes.

Para complicar ainda mais, a mulher descobrira, logo após a partida do esposo, que estava grávida do quarto filho. Embora apenas Deoclécio houvesse sobrevivido, ela fora mãe de mais duas crianças, que acabaram morrendo prematuramente de complicações físicas relacionadas à desnutrição e à desidratação.

Quando não estava mais suportando as dores, a parturiente chamou Deoclécio e pediu-lhe que fosse buscar Don'Ana, uma competente parteira que atuava naqueles arredores e morava não muito distante dali. Aliviado e orgulhoso por poder, finalmente, ser útil, o menino saiu em disparada, retornando mais tarde com a parteira.

De fato, como previsto, o parto foi complicadíssimo. Durou quase todo o dia e, somente quando a sombra da noite começava a empalidecer a caatinga, a criança foi trazida à luz. Era uma menina minguada que denotava, desde o primeiro momento, uma natureza frágil e doentia. Essa menina era eu, em minha nova experiência encarnatória.

Para piorar um pouco mais a situação, minha mãe sofreu uma eclampse durante o parto e entrou em coma. Nós duas fomos conduzidas ao hospital daquele município. Deoclécio foi acolhido na casa de uns parentes e lá permaneceu por mais de um mês, ou seja, o tempo em que eu e mamãe estivemos internadas.

Deoclécio era muito apegado à nossa mãe e essa forçada separação provocou uma imensa tristeza em sua alma. Todas as noites, chorando, rezava para que a genitora retornasse ao lar, para que fosse retomado o curso de sua vida exatamente como era antes: pobre, sacrificada, mas, a seu modo, contente.

De nosso pai ele não esperava mais nada. Algo em seu íntimo lhe dizia que o genitor nunca mais voltaria, e estava certo, pois foi mesmo o que ocorreu. Nunca mais Deoclécio teve notícias dele.

Eu, que fui batizada com o nome de Maria da Glória e imediatamente apelidada de Glorinha, nunca conheci meu pai e minha existência também jamais chegou ao conhecimento dele.

Quase dois meses depois de internadas, mamãe e eu recebemos alta e retornamos ao lar. A complicação do parto comprometeu drasticamente a saúde de minha mãe para o resto da vida. Ela se tornou mentalmente perturbada, com um comportamento abobalhado e sonolento. Eu, bastante debilitada, num curto espaço de tempo contraí praticamente todas as enfermidades que comumente se manifestam nas crianças em tenra idade.

Ninguém acreditava que eu pudesse sobreviver, pois mal me curava de uma doença, lá vinha outra logo a seguir. Mas, contrariando todos os prognósticos, eu demonstrava uma incrível capacidade de superação. Embora continuasse ostentando a mesma compleição fragilizada de antes, seguia vivendo, superando todos os percalços que a vida me impunha.

Quem cuidava de mim era meu irmão Deoclécio, pois mamãe, com o agravamento da sua própria doença, mal cuidava de si. Coube ao meu irmão a delicada tarefa de cuidar de nós duas, e ele o fez com toda a competência possível. Apesar das dificuldades enfrentadas, nunca nos deixou passar fome ou privações, mesmo que para isto precisasse abdicar dos seus próprios interesses.

Assim, seguiu a vida. Deoclécio tornou-se um rapaz calado e introspectivo, a quem a única razão de viver significava nos manter amparadas e protegidas. Para isso, trabalhava em múltiplos afazeres, enfrentando qualquer tarefa que surgisse, exigindo apenas dois quesitos, dos quais não abria mão de jeito nenhum: que fosse serviço honesto e que não o afastasse de casa por muito tempo, pois não admitia a possibilidade de nos deixar dormir uma noite sequer sem a sua presença.

Mamãe, que após o meu nascimento não mais voltara a gozar de boa saúde, desencarnou 10 anos depois. Despediu-se com serenidade, sorrindo para nós, como se estivesse simplesmente pegando no sono e dizendo "até breve, meus filhos!".

Nessa época, eu, que estava em minha pré-adolescência, era uma criança muito tranquila. Demasiadamente apegada ao irmão, não o deixava por nada. Deoclécio retribuía àquele apego, nutrindo-me de afagos e mimos. Protegendo-me com uma dedicação admirável.

Sentimos demais a ausência de mamãe e, para tentar me explicar o processo da morte, Deoclécio, que frequentara a escola durante algum tempo, lia os evangelhos, numa antiga Bíblia que havia em nossa casa. As leituras eram feitas à noite, na hora que eu me deitava para dormir. Antes que pegasse no sono, Deoclécio falava para eu pensar em Deus e, juntos, fazíamos as preces que ele aprendera com mamãe.

Chorei a morte de mamãe durante muito tempo. Não compreendia como Deus podia fazer aquilo conosco, achava tudo muito injusto e incompreensível. Mas, Deoclécio não pôde se demorar em lamentações, pois ali estava eu a requisitar os seus préstimos, a sua atenção, o seu amor.

A partir de então, o coração dele, que se repartia entre nós duas, voltou-se exclusivamente para mim. E foi para mim que ele direcionou toda a sua atenção, recusando-se, inclusive, a se casar, pois sentia, no íntimo, uma grande necessidade e um prazer indescritível em cuidar da irmãzinha caçula. Ele tinha medo de que um possível casamento pudesse trazer para aquele amistoso convívio uma pessoa que quebrantasse a harmonia existente entre nós.

Eu havia sido colocada em suas mãos, não apenas como uma irmã mais nova, mas como uma filha a quem ele se achava no dever de se dedicar inteiramente.

Na verdade, o que ocorria era a conscientização daquele Espírito endividado, sobre a importância do papel que lhe cabia. Deoclécio era a reencarnação de Ramalho. Nós dois, que havíamos tomado consciência e nos arrependido amargamente das falhas protagonizadas no passado, com sério comprometimento agora, buscávamos repará-las.

Para completar o quadro proposto antes do reencarne, Pierre, Deolinda e Teodoro deveriam se juntar a mim. Mas não tínhamos a menor noção disso. A lei do esquecimento nos protegia das amargas lembranças de nossas equivocadas escolhas, assim como das terríveis perseguições e dos sofrimentos atrozes que havíamos enfrentado na esfera espiritual.

Capítulo 16

Reencontros

"Deus, sendo soberanamente justo, deve agir igualmente com todos os seus filhos. Por isso dá a todos um mesmo ponto de partida, a mesma aptidão, as mesmas obrigações a cumprir e a mesma liberdade de agir."

O Evangelho segundo o Espiritismo – Cap. IV, item 25

Os anos se passaram lentamente, seguindo o compasso lento da vida monótona daquele fim de mundo. Deoclécio continuava se dedicando a mim que, apesar de ser uma criaturinha mirrada e sem muitos atrativos físicos, chegava à idade madura; momento em que inquietantes sentimentos começam a florear os sonhos das moças.

Eu possuía alguns dotes de intelectualidade, que eram o reflexo das experiências adquiridas em encarnações passadas. Assim, após uns poucos anos de estudos na precária escola que existia na região, tomei um gosto enorme pela leitura. Adorava ler poesias e romances e cheguei mesmo a me aventurar no mundo da literatura, escrevendo em meus cadernos escolares alguns versos de considerável qualidade e redações que eram muito elogiadas pela professora.

Deoclécio, quando podia, presenteava-me com livros, embora livros fossem considerados produtos de luxo naqueles ermos. A maioria das pessoas que nos conheciam torcia o nariz para a leitura e dizia que era um imperdoável desperdício gastar dinheiro com aquelas bobagens.

— Onde já se viu! Deixar de adquirir uns bons quilos de feijão para comprar um maço de papéis escritos que não prestam para nada! — dizia aquela gente, sem qualquer cerimônia.

Era por isso que eu ficava tão agradecida ao Deoclécio, cada vez que ganhava um livro de presente. Eu não sabia onde ele os adquiria, não pensava nisto, mas a verdade é que passei a ter uma inimaginável coleção de belos romances, contos e poesias, que guardava cuidadosamente num velho baú de madeira. Era o meu tesouro!

Naquela época, a região onde vivíamos era pouco povoada, e eu conhecia pouquíssima gente. Mas percebia que minhas poucas colegas, em idade regular à minha, que já passava dos 20 anos, encontravam-se noivas ou casadas. Então, comecei a sentir vontade de me casar também, embora morresse de medo até de pensar nisso perto do meu irmão. Sabia que Deoclécio era ciumento e que criaria sérias dificuldades no momento em que me aparecesse um candidato a marido.

Eu estava certíssima! Nas poucas vezes em que alguém, falando sério, ou em tom de brincadeira, tecia um elogio a mim, Deoclécio ficava possesso e nesses momentos perdia a costumeira serenidade, tornando-se agressivo e extremamente mal-humorado.

Mas a natureza, como uma indomada corredeira, não costuma mudar seu curso em decorrência do capricho dos homens.

O encontro aconteceu durante uma quermesse que a igreja realizava anualmente naquela pequena comunidade, cujo padroeiro era São Sebastião.

A esses eventos, realizados numa capela erguida à beira da estrada, compareciam pessoas de vários lugares e, nesse dia festivo, o pacato lugarejo se enchia de gente, sons e cores.

Durante todo o dia – sempre um domingo –, rezavam-se missas, promoviam-se leilões e bingos para se arrecadar fundos para a igreja. À noite, o encerramento da quermesse era sempre com um animado arrasta-pé.

Foi durante o baile, num momento em que eu estava sozinha, encostada à parede, vendo os casais dançarem à luz de um frouxo lampião, que meus olhos se depararam com os de um rapaz que me olhava insistentemente. E bastou aquela troca de olhares para que algo incontrolavelmente forte nos unisse de modo inequívoco a partir daquele exato momento.

Amaro era um rapaz desconhecido naqueles arredores, pois morava em outro município. Tendo ouvido falar da tal quermesse, que era bastante divulgada pela igreja, sentiu vontade de conhecê-la. Viajara durante dois dias, a cavalo, para chegar ao local da festa e já estava começando a se arrepender de tê-lo feito, pois não encontrara nada de interessante naquele fim de mundo. Mas esse pensamento só durou até o momento em que seus olhos se cruzaram com os meus.

Órfão de pai, filho caçula de uma grande família, Amaro vivia só com a mãe, pois os irmãos mais velhos haviam partido em busca de melhor sorte em outras estâncias, e dificilmente apareciam ou davam notícias.

Nair, mãe de Amaro, era mulher de temperamento forte, dominadora e extremamente agressiva. Na verdade, os filhos mais velhos haviam ido embora por não suportarem o comportamento da genitora. Apenas Amaro, que era mais submisso, permanecera ao lado dela. Mas, para manter uma convivência razoável, ele precisava se submeter a todos os caprichos que a mãe se lhe impunha.

Embora eu fosse uma moça pouco provida de atrativos físicos, Amaro vislumbrou em mim a projeção de uma experiência vivida há muito tempo. Não se tratava de um encontro fortuito, mas do reencontro de duas almas que já se conheciam. Amaro era a reencarnação de Pierre, o rapazinho que eu, enquanto Adélia, havia seduzido e induzido ao suicídio.

Por isso, no momento em que nos encontramos, uma confusa eclosão de sentimentos desconexos nos dominou inteiramente, confundindo os nossos pensamentos, mas nos projetando irremediavelmente ao encontro um do outro.

Enquanto estive na erraticidade, eu me arrependera profundamente de haver provocado o suicídio de Pierre e pedira, na próxima encarnação, a oportunidade de conviver com ele e de tentar amenizar de algum modo o mal que havia lhe causado. Tudo isso fazia parte do meu projeto de buscar a elevação moral. Obviamente, eu não me lembrava disso, pois estava protegida pela lei do esquecimento, mas a programação traçada pela espiritualidade seguia o seu curso. Eu precisava conviver com os meus desafetos; precisava perdoá-los e conquistar o seu perdão.

Amaro, que não se livrara por inteiro da paixão avassaladora que nutrira por Adélia, ao me reencontrar, mesmo no corpo mirrado e sem graça de Glorinha, enxergou-me com os "olhos da alma" e me viu tão linda e atraente quanto naquela existência.

Diante desse reencontro programado e desejado pelos dois, não houve barreira que conseguisse evitar a nossa aproximação. Naquela mesma noite, após dançarmos juntos e conversarmos bastante, iniciamos um namoro que gerou muita discórdia familiar, tanto para mim quanto para ele.

Deoclécio, enciumado e desconfiado das pretensões de Amaro, declarou-se seu inimigo e por pouco os dois não acabaram se engalfinhando. Só não chegaram às vias de fato, porque eu, que era a razão de toda aquela disputa, usei um convincente recurso para colocar um fim àquela batalha, ameaçando me matar, caso os dois não chegassem a um acordo. É claro que se tratava de um blefe, pois suicídio era uma coisa que nunca me passou pela cabeça.

Meu plano acabou dando certo. Temeroso de que eu cumprisse a ameaça, Deoclécio decidiu não se intrometer, mas fez questão de deixar bem claro que era contra aquela união e que, uma vez casada, eu nunca mais deveria por os pés em nossa casa ou voltar a chamá-lo de irmão.

Essa atitude provocou em mim um sofrimento profundo, mas a atração que eu sentia por Amaro naquele momento falava mais alto que qualquer outro tipo de sentimento. Com o coração partido, optei por ficar com o namorado e cumpri a determinação de Deoclécio, abandonando a casa onde vivíamos.

Não bastasse isso, a mãe do meu namorado também se mostrou contrária ao casamento. Desde o momento em que me viu, deixou claro que nutria uma gratuita e poderosa antipatia por mim a quem, pejorativamente, chamou de "coisinha esquisita".

Embora prevendo a possibilidade de complicações futuras, persisti no relacionamento e, proibida de continuar vivendo com Deoclécio, a alternativa que me restou, logo após o casamento, foi me mudar para a casa do meu marido. Lá me aguardava uma sogra mandona, inflexível e impiedosa.

Capítulo 17

Convivência

"Em toda contenda, aquele que se mostra mais conciliador, que prova maior desinteresse, caridade e verdadeira grandeza de alma, este sempre contará com a simpatia das pessoas imparciais."

O Evangelho segundo o Espiritismo – Cap. X, item 4

Após o casamento, minha vida, que apesar da pobreza sempre fora sossegada, por contar com a proteção do meu irmão, acabou se tornando um verdadeiro inferno. Nair não me dava trégua, provocando-me, tratando-me por apelidos humilhantes e me explorando impiedosamente nos trabalhos caseiros.

A primeira coisa que fez, ao descobrir o baú com a coleção de livros que eu possuía e que havia levado comigo, junto ao precário enxoval, foi queimar tudo e deixar claro o que me aguardava naquela casa:

— Mulher casada e séria não perde tempo com essas tolices! — disse com ar de deboche. — Está pensando que vai ter vida de dondoca aqui, é? Vai tirando o cavalinho da chuva, minha filha, porque aqui o que não falta é serviço pedindo braço forte!

Em pouco tempo, eu estava cozinhando, lavando roupas, limpando a casa, cultivando canteiros de hortaliças, cuidando dos animais domésticos... Enfim, tornara-me uma verdadeira escrava de minha sogra.

Amaro passava a maior parte do tempo fora, pois trabalhava numa fazenda de cacau que se situava bem distante de nossa casa. Saía de madrugada e só retornava ao escurecer.

Com minha estrutura física bastante debilitada desde o nascimento, eu quase nunca tinha reserva de energias para dar atenção ao meu marido, quando ele me procurava para as minhas obrigações de esposa. Estava sempre esgotada, devido aos afazeres que Nair me obrigava a realizar e que, a cada dia, mais se ampliavam.

Eu e ela passávamos o dia inteiro juntas e mal nos falávamos, porque Nair fugia de qualquer diálogo coerente que eu tentasse desenvolver. Nas poucas vezes que ocorria uma conversa entre nós, normalmente era para ela me dar ordens ou para criticar as minhas tarefas, que nunca estavam a contento.

Eram momentos de nervosismo em que minha sogra me agredia de todas as formas, humilhando-me ao máximo, dizendo que eu não servia para nada; que não entendia o que diabos Amaro havia visto em mim. E prosseguia aquele crescente processo de ódio que parecia não ter fim e que a mantinha diuturnamente mal-humorada.

Nós não sabíamos de onde vinha aquela antipatia aparentemente gratuita, mas o que estava ocorrendo era a continuação das animosidades cultivadas por nós na encarnação anterior e, mais tarde, nas regiões inferiores da dimensão espiritual.

Nair era a reencarnação de Deolinda, a cafetina que eu havia usado e ludibriado na encarnação passada. Detentora de uma natureza ruim e bastante propensa ao armazenamento de rancores, ela jamais me perdoou e reencarnou com aquela mágoa ainda dominando o seu coração.

O ódio adormecido em seu inconsciente aflorou de modo irremediável quando ela se deparou comigo e, apesar de estar protegida pela lei do esquecimento, intimamente, voltou a ver em mim a antiga inimiga do passado, que a tornara cúmplice de um assassinato e descumprira o acordo para recompensá-la financeiramente, deixando-a morrer à míngua, doente e sem qualquer recurso para se cuidar.

Eram os ecos do ódio antigo no coração de Nair que continuava latente e clamava por uma severa vingança que, em seus conceitos, ainda não havia se concretizado.

Não bastassem todos esses desacertos, a mãe de Amaro sempre tinha uma lista de reclamações para fazer ao filho com relação a mim. Inicialmente, meu marido fazia ouvidos moucos, fingia não ligar, mas, com o passar do tempo e, possivelmente, por estar insatisfeito com a pouca atenção que eu lhe dispensava, começou a implicar comigo, tomando as dores da mãe.

Além disso, havia um outro fator para complicar ainda mais a situação: Nair sabia que o filho, quando ingeria bebidas alcoólicas, sofria uma brusca mudança de comportamento, tornando-se muito agressivo.

Então, ela passou a incentivá-lo a beber cada vez mais. Começou a levar para casa grandes quantidades de uma fortíssima aguardente produzida naquela região e, quando Amaro chegava do trabalho, era presenteado com generosas doses, que sorvia com muito gosto.

Enquanto Nair o embriagava, incentivava-o a brigar comigo.

Não tardou muito para que ele, induzido pela mãe, começasse a implicar comigo, a provocar brigas que eram comemoradas com euforia por Nair. Ela não via a hora de se livrar daquela intrusa que, segundo a sua concepção, havia invadido a sua casa.

Nair não sabia por que nem se preocupava em saber de onde vinha aquele ódio imenso por uma pessoa que, aparentemente, nada de mal lhe havia feito. Mas este ódio, alimentado cotidianamente, fazia-a sentir um prazer indescritível em me ver sofrendo, escorraçada pelo marido, chorando pelos cantos da casa.

Alguns anos de casamento com Amaro e de convivência com Nair me transformaram num verdadeiro farrapo humano. Eu vivia trancada em casa, praticamente sem ver ninguém. Morria de saudades do meu irmão, mas jamais ousei procurá-lo; em parte por não ter liberdade para me locomover; em parte porque tinha muito medo da reação que Deoclécio pudesse ter, pois eu tinha certeza de que ele jamais me perdoara por ter me casado contra a sua vontade.

O relacionamento com a minha sogra ia de mal a pior e, em decorrência disso, a convivência com meu marido também piorava a cada dia. Amaro tornou-se um beberrão inveterado. Sempre incentivado pela mãe, começou a frequentar bares e desaparecer de casa nos finais de semana. Saía para trabalhar às sextas-feiras e só reaparecia às segundas, à noite, com a maior tranquilidade, como se aquilo fosse a coisa mais natural do mundo.

Na única vez em que ousei me queixar de sua ausência, Amaro, completamente bêbado, me agrediu fisicamente pela primeira vez e, para imensa satisfação de Nair, a partir daquele dia as agressões se tornaram uma rotina em nossa vida.

Passei a receber todos os dias ao menos um bofetão de meu marido bêbado. Mas, às vezes, as coisas ficavam mais complicadas e eu levava surras pesadas, oportunidades em que ficava completamente marcada por hematomas e ferimentos que levavam dias para desaparecer.

Capítulo 18

Aborto

"Deus está aí, e pune, nesta e na outra vida, aqueles que faltam à lei de amor. Não esqueçais, meus queridos filhos, que o amor aproxima de Deus, e o ódio distancia d'Ele."

O Evangelho segundo o Espiritismo – Cap. XII, item 10

Apesar de todos os percalços daquela conturbada relação familiar, a vida seguia seu curso e, dentro da programação estabelecida no plano espiritual, as coisas iam acontecendo, naturalmente.

Assim, houve um dia em que eu sofri uma náusea bastante forte, que não passou despercebida pelos experientes sentidos de Nair. Ela me submeteu a um minucioso interrogatório e acabou descobrindo que eu estava grávida. Essa descoberta provocou uma ira incontrolável na mãe de Amaro. Ela não admitia a possibilidade de ser avó de uma criança gerada por sua pior inimiga. Além disso, teve medo de que a gravidez pudesse amolecer o coração de seu filho e que, a partir de então, ele passasse a me tratar melhor.

Não! Isso era inaceitável dentro dos seus conceitos. Se conviver comigo já era um tormento diário,

Nair, nem de longe, admitia a possibilidade de conviver também com um fedelho gerado por mim.

Então, decidiu que não me daria trégua enquanto não conseguisse provocar o aborto daquela criança, e passou a não economizar munição para ter o seu projeto realizado.

Começou por azucrinar a minha cabeça, dizendo que aquilo era loucura, que eu não estava preparada para ser mãe; que o Amaro seria um pai irresponsável, que isso, que aquilo...

Eu apenas ouvia, sem nada dizer. Afinal, não tinha certeza de estar realmente grávida e decidi que só contaria a novidade ao meu marido após me certificar.

Mas, para Nair não havia a menor dúvida de que uma criança estava a caminho e ela começou a envenenar a cabeça do filho, aproveitando-se dos seus momentos de bebedeira.

Antes de lhe contar a novidade sobre a gravidez, chamou-o a um canto e disse:

— Se eu fosse você, meu filho, ficaria de olho bem aberto com a sua mulherzinha.

— Por que a senhora está dizendo isto? — perguntou Amaro, meio entorpecido pelo álcool.

— Sei lá! Alguma coisa me diz que ela anda se enrabichando por aí...

— Que besteira, mãe! A Glorinha não se enrabicharia nem com um jumento. Uma mulher sem sal, que nem sai de casa...

— Quem lhe disse que não sai?

— Ora, e sai? A senhora não fica aqui o tempo todo? Não vê que ela fica trancada o dia todo?

— Você está muito enganado, Amaro. Primeiro, que eu não fico aqui o dia todo. Segundo, que ela, às vezes, dá umas sumidas por aí, sim.

— E vai para onde?

— Sei lá! Como não é problema meu, eu não fico assuntando. Mas, como eu lhe disse, é bom abrir os olhos. Mulher santa não existe, o que existe é mulher sonsa.

E os ataques de Nair continuaram, tenazes e implacáveis, até que um dia, jogou a sua última cartada.

— Ainda bem que, pelo menos, filho com aquela "coisinha esquisita" você não vai ter — disse ao rapaz, durante mais uma conversa regada a aguardente.

— Como é que a senhora sabe disso?

— Há uma coisa que eu nunca lhe contei, meu filho, mas acho que já é hora de você ficar sabendo.

— Do que se trata?

— Quando era ainda muito novinho, você teve uma grave complicação de saúde. Você esteve mesmo desenganado pelos médicos. Eu já tinha até desistido de buscar ajuda, mas uma pessoa me mandou procurar um mandingueiro que morava muito longe daqui. Eu viajei muitas léguas até esse lugar e lá você foi tratado. O tal homem, que parecia até um santo, de tão bom que era na benzedura, disse que você ia ficar curado...

— Mãe, eu já conheço essa história. A senhora já me contou um monte de vezes... — replicou Amaro que, constrangido, sempre fugia daquele assunto, pois a doença a que a mãe se referia havia afetado os seus órgãos genitais. Por esse motivo, no passado, sempre que um dos irmãos queria provocá-lo, citava o fato ocorrido, criando-lhe apelidos desconcertantes e colocando em dúvida a sua masculinidade. Por isso, Amaro vivia fugindo daquela conversa.

— Eu sei, meu filho. Mas tem um detalhe que eu nunca lhe contei.

— Detalhe? Que detalhe? — E Amaro começou a ficar irritado com a insistência da mãe em recordar aquele fato.

— O tal mandingueiro disse que você ia ficar para sempre com uma grave sequela.

— Sequela? Mãe, fala logo de uma vez tudo o que tiver que falar, para a gente mudar de assunto, está bem?

— Está bem, meu filho! Ele disse que você ia ser homem macho, mas que nunca ia poder ser pai, porque a doença tinha lhe deixado infértil.

Amaro encarou a mãe com seriedade.

— O quê? Quer dizer que eu não vou poder ter filhos? Isso é verdade?

— Por que você acha que eu inventaria isso, meu filho?

— Por que a senhora nunca me contou esse detalhe?

— Para não lhe aporrinhar as ideias e porque eu havia apagado esse detalhe da minha memória. Para uma mãe, o que interessava é o fato de o filho ter sobrevivido à doença. A alegria é tão grande, que a gente até se esquece dos detalhes.

Realmente, o que Nair contara ao filho não era totalmente mentira. O episódio da doença e a cura pelas mãos de um benzedor, de fato ocorrera quando ele tinha 6 anos de idade. Ela apenas acrescentara o detalhe da infertilidade para acabar de uma vez por todas com o nosso casamento. Essa era a sua cartada final.

Embora achasse infundadas as acusações feitas por Nair contra mim, Amaro ficou remoendo aquelas palavras. Até que ponto a mãe teria razão? Sua esposa seria mesmo uma sonsa? Seria capaz de traí-lo só para se vingar das surras que levava? Assim pensando, embebedava-se cada vez mais. E em meio a essas bebedeiras, não demorou muito para se convencer de que a mãe estava coberta de razão e que eu era mesmo uma mulher sonsa e traidora.

Tão convencido estava de que era traído por mim, que quando eu o informei que estava grávida, a resposta de Amaro foi uma pergunta automática, feita com um grito de ódio, e já engalfinhando no meu pescoço:

— Quem é o desgraçado que lhe embarrigou, sua vadia?

Completamente assustada, sem dispor de uma resposta que o convencesse, levei a surra mais violenta da minha vida. Tão violenta, que fiquei desacordada durante horas.

Quando acordei, senti uma dor terrível na região do baixo-ventre. O colchão sobre o qual eu estava deitada encontrava-se encharcado de sangue.

Eu havia perdido a criança e tinha certeza de que Nair, aproveitando-se do meu desmaio, tinha realizado o aborto, pois ela gargalhava com insanidade e exibia nas mãos ensanguentadas um gancho de arame, totalmente sujo e enferrujado.

Ensandecida pelo ódio inconsciente que nutria por mim, ela não tinha a menor noção de que, com aquele gesto irresponsável, acabara de impossibilitar a reencarnação de Teodoro. Era para ele que estava destinado o frágil corpinho gerado em meu útero, seguindo a programação preestabelecida no plano espiritual. O objetivo dessa convivência, unindo-nos pelos laços familiares, seria uma tentativa de pacificação de nossas antigas mágoas. Eu e Teodoro não seríamos mais apenas dois inimigos; seríamos mãe e filho, experimentando uma convivência amorosa, durante o período de sua infância.

Mesmo depois que ele crescesse, protegidos pela lei do esquecimento e, dependendo da forma como conduzíssemos o nosso livre-arbítrio, poderíamos nos tornar ótimos amigos, arrefecendo assim os tentáculos inamistosos que haviam sustentado nossas estadas nas regiões umbralinas.

O papel de Nair, que também participara do assassinato de Teodoro, seria contribuir para uma convivência pacífica entre nós. Poderia se tornar uma avó dedicada e prestativa; atitudes que serviriam para atenuar o débito cármico contraído no passado, livrando-a também de maiores sofrimentos futuros.

Mas, com aquela atitude impensada, movida pelos seus piores instintos, Nair acabou desperdiçando a extraordinária oportunidade que Deus lhe concedera, por meio daquele importante reencontro.

Capítulo 19

Pesadelos

"O sacrifício de amar aqueles que vos ultrajam e vos perseguem é penoso, mas é exatamente o que vos torna superiores a eles. Esta é a hóstia sem mancha oferecida a Deus no altar de vossos corações."

O Evangelho segundo o Espiritismo – Cap. XII, item 10

Os dias que se seguiram foram bastante confusos e dolorosos para mim. Eu passava a maior parte do tempo entorpecida e acamada, sob o efeito de uns chás e de medicamentos sedativos que Nair me obrigava a ingerir de tempos em tempos.

Nos poucos minutos que recobrava a consciência, eu tinha a sensação de que tudo à minha volta estava girando. Sentia a vista turva, a cabeça pesada, e não conseguia ordenar os pensamentos. Logo voltava a pegar no sono.

O aborto provocado me causou um processo infeccioso que foi tratado por minha própria sogra, que teve medo de me levar ao hospital e de acabar sendo denunciada pelo crime cometido.

Eu sentia o corpo dolorido, principalmente na região do baixo-ventre, e era acometida de fortíssimos calafrios, provocados pela febre intensa que enfrentei durante vários dias.

Em nenhum desses breves momentos de lucidez eu vi Amaro em casa ou ouvi a sua voz. Estava sempre só ou em companhia de Nair, que me medicava e que, com visível má vontade, cuidava da minha higiene pessoal. Era também ela quem me alimentava com uma insossa sopa de legumes, empurrada garganta abaixo em gestos bruscos que beiravam à violência.

Quando eu dormia, tinha sempre o mesmo pesadelo. Nele, eu me encontrava numa região sombria, enterrada até a cintura, numa lama viscosa e fétida. Ali, ouvia muitos lamentos, choros e gemidos agônicos. Do meio dessa lama, emergia um homem de semblante odioso que se dirigia a mim, usando palavras extremamente agressivas:

"Onde está a sua coragem, sua idiota? Vai deixar esses dois infelizes acabarem com você? Mate-os! Mate-os! Ponha veneno na comida deles! Você já fez isto no passado e pode fazer de novo!"

Eu não tinha como saber, mas eram as vibrações tenebrosas de Teodoro agindo sobre mim, incentivando-me a me vingar do meu marido e da minha sogra. E, como eu me recusasse a obedecer as suas ordens, ele começava a me perseguir. Desesperada, eu corria o mais rápido que podia, mas correr naquele atoleiro era praticamente impossível e este esforço me causava um cansaço insuportável.

Perseguindo-me, a criatura dava gargalhadas estrondosas, demonstrando claros sinais de loucura. E voltava a repetir a sugestão que ficava ressoando em minha mente, mesmo depois que, suando muito e com o coração sobressaltado, eu conseguia acordar.

"Mate-os! Mate-os! Ponha veneno na comida deles, sua boba!"

Teodoro, que havia sido preparado para a reencarnação, e que já se encontrava ligado a mim pelos laços da maternidade, ficou furioso com a abrupta e violenta interrupção da gestação. Ele, que ainda não havia se livrado do sentimento de ódio que nutria por mim e por Nair, passou a nos odiar ainda mais, incluindo agora em seu círculo de inimizades o homem que deveria ter se tornado seu pai, mas que, em vez disso, me surrou impiedosamente e permitiu que Nair realizasse o aborto. Amaro passou a ser mais uma vítima do seu tresloucado ódio.

Durante quinze dias, estive convalescente, enfrentando aqueles horríveis pesadelos.

Numa manhã em que acordei disposta a me levantar, percebi que estava com os pés e as mãos amarradas à cama. Essa descoberta me deixou apavorada, pois notei a gravidade da situação: estava completamente indefesa, nas mãos da minha pior inimiga.

Minha reação foi gritar por socorro, mas estava enfraquecida demais e a voz não soou muito alta. A única pessoa atraída pelos meus gritos foi a própria Nair, que adentrou o quarto, muito irritada.

— Que diabos é isso, sua maluca? Está gritando desse jeito, por quê? — perguntou, encarando-me com visível mau humor.

— Por que estou amarrada? — perguntei, com um fio de voz.

— Ah, então é isto? Acha que lhe amarrei por maldade?

— Não acho nada, dona Nair. É por isso que estou perguntando.

— Pois, bem! Eu lhe amarrei para você não cair da cama, sua ingrata. Você andou tendo uns pesadelos e ficava se debatendo feito uma louca...

— Por favor, me desamarre! — implorei.

Nair me olhou com deboche, demonstrando sentir um grande prazer diante daquela cena. Ela adorava me ver humilhada, implorando.

— Acho que você ainda não está bem. Pode ter uma recaída...

— Pelo amor de Deus, me desamarre! — gritei.

— Está bem! Está bem! — disse Nair com má vontade e, sem pressa alguma, sentou-se na cama e começou a desatar os nós da corda que prendia meus pulsos e meus tornozelos.

Levantei-me e, completamente zonza, amparando-me nos móveis e nas paredes da casa, encaminhei-me para o quintal. Sentei-me num tronco de árvore caído que servia de coradouro e, absorvendo os mornos raios solares da manhã que se iniciava, tive a sensação de estar recebendo dos céus um reconfortante abraço.

Foi então que me lembrei de Deoclécio e a figura do meu irmão nunca me pareceu tão importante como naquele momento. As lembranças da infância alegre ao lado dele invadiram minha alma e me fizeram chorar copiosamente. Senti falta dos meus livros, que Nair covardemente havia queimado anos atrás, destituindo-me dos sonhos e das alegrias que aquelas histórias e poesias despertavam em mim.

Como eu gostaria que meu irmão estivesse ali para me proteger e me amparar! Como gostaria de me aninhar em seus braços como nos tempos antigos e dormir em seu colo, sob o efeito gostoso do cafuné que Deoclécio fazia em meus cabelos, enquanto cantarolava canções de ninar!

Mas os tempos eram outros. Eu convivia agora com dois inimigos do passado e precisava passar por aquela experiência. Tratava-se da colheita obrigatória de minha antiga plantação. Por incrível que parecesse, aquele sofrimento constante era um prêmio; era a oportunidade que Deus me concedia para reparar os erros do passado. Para mostrar que eu estava realmente mudada. Para cumprir a sentença que finalmente poderia me conceder o direito às alegrias celestiais, destinadas, segundo Jesus Cristo, aos mansos e pacíficos; àqueles que são puros de coração.

Capítulo 20

A amante

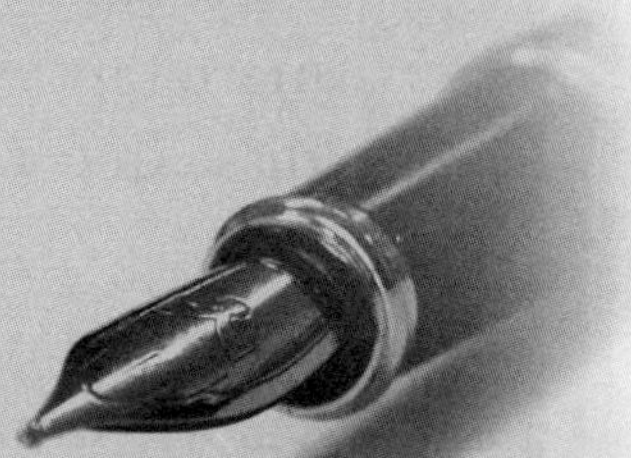

"Lembrai-vos que vos será perdoado conforme tiverdes perdoado; por meio do perdão, aproximai-vos da Divindade, pois a clemência é irmã do poder."

O Evangelho segundo o Espiritismo – Cap XII, item 11

Aos poucos, fui me restabelecendo. Nair acompanhava meus passos a distância, silenciosamente, sem me importunar, mas também sem me prestar qualquer tipo de auxílio. Desde que sofrera o aborto, eu vinha sentindo fortes dores abdominais e era comum, durante essas crises, ser acometida de sangramento uterino. Às vezes, as dores eram tão intensas, que eu não conseguia segurar o choro, mas o fazia escondido, pois tinha certeza de que não receberia qualquer tipo de auxílio por parte de minha sogra.

Amaro continuava desaparecido e eu não tinha coragem de perguntar sobre o paradeiro dele.

Algum tempo depois, quando minha vida havia retomado o ritmo normal, inclusive no que se referia a reassumir as tarefas domésticas exigidas por Nair, Amaro chegou em casa num final de domingo, mas não estava só. Acompanhava-o uma mulher de aspecto estranho, usando uma exagerada maquiagem e umas roupas muito extravagantes.

Amaro apresentou-a como sendo uma grande amiga e disse que a havia convidado para passar uns dias conosco.

Os dois estavam visivelmente bêbados e a linguagem vulgar da mulher não deixava dúvida sobre a sua origem. Tratava-se de uma desajuizada que Amaro havia conhecido e que, simplesmente para se vingar de mim, decidira levar para casa.

— Esta aqui é a Rosilene, e eu quero que ela seja muito bem tratada, porque é uma amiga especial — disse com severidade, encarando-me.

Apesar do absurdo daquela situação, Nair fez questão de acolher a mulher, demonstrando uma exagerada afabilidade para com ela. Mais uma vez, deixava clara a alegria em presenciar a minha humilhação.

Chamei meu marido para uma conversa reservada e perguntei o que aquilo significava. Amaro apenas respondeu, com uma voz mole e um hálito azedo de aguardente:

— Pensa que é só você que pode ter amante por aqui, é? — e foi se afastando.

Eu o segurei pelo braço e o encarei com a maior serenidade possível.

— Amaro, por favor, vamos conversar um pouco.

— Para quê? — exasperou-se. — Para você me contar quem é o pai do filho que você abortou?

— Amaro, pelo amor de Deus...

— Sonsa! Mulher sonsa! — gritou o filho de Nair, ameaçando me esbofetear. — E ainda tem coragem de falar em nome de Deus?

Larguei o braço dele, pois percebi que seria inútil qualquer tentativa de diálogo.

Atraídas pelos gritos de Amaro, Nair e Rosilene, que já estavam entrando em casa, voltaram para o quintal.

— O que está acontecendo aí, meu filho? — perguntou Nair, olhando-me com ares de afronta.

— Acho que a Glorinha está com ciúmes da minha amiga! — respondeu ele, com o mesmo tom de voz debochado da sua genitora.

— Gente, eu não quero atrapalhar a vida de ninguém! — adiantou-se Rosilene, com um falso ar de inocência.

Nair aproximou-se dela, abraçou-a e disse determinada, enquanto lançava para mim um olhar de reprovação:

— Esta casa pertence a mim e ao meu filho. Aqui, nós hospedamos quem nós queremos — e, voltando-se para Rosilene: — Você é muito bem-vinda nesta casa, minha querida! Fique o tempo que quiser e, quem se sentir incomodado, que se retire.

E os três adentraram a casa, deixando-me só, no quintal. De repente, senti um calafrio me percorrer o corpo. Um misto de tristeza e revolta me envolveu inteiramente e eu pude ouvir nitidamente a voz dos meus pesadelos ressoar em minha mente:

"Dê veneno para eles, sua boba! Mate essa gente toda! Você sabe como fazer isto!"

E essa voz de comando foi se tornando cada vez mais firme e mais alta. E o poder dessas palavras foi tão intenso que eu precisei gritar com toda a potência dos meus pulmões, para me sobrepor à entidade desequilibrada que me perseguia:

— Não! Eu não vou matar ninguém! Deixe-me em paz! Vá embora!

E caí de joelhos, o rosto coberto pelas mãos, o corpo entregue a uma tremura incontrolável, o pranto jorrando de minha alma, saltando de minhas retinas, encharcando-me o vestido pobre de tecido barato.

De dentro de casa, sentados à mesa, em animada conversa regada a aguardente, os três ouviram meus gritos. Amaro e Rosilene ameaçaram levantar, mas Nair os segurou.

— Deixa para lá, gente! É só mais um ataque de frescura daquela sonsa! — e voltou a abastecer os copos.

A partir daquele dia, minha vida, que já era um inferno, tornou-se ainda muito pior. Eu fui simplesmente isolada do seio familiar. Amaro, que deixou de me dirigir a palavra, em vez de compartilhar o leito comigo, passou a dormir com Rosilene.

Nair, que a tudo assistia com uma satisfação indisfarçável, não perdia a menor oportunidade de me espezinhar, tecendo comentários provocativos:

— Viu como a Rosilene é bonita e inteligente? Nunca vi meu filho tão feliz da vida!

Eu ouvia tudo calada, suportando a dor daquela constante humilhação. Nair prosseguia me provocando:

— Eu acho que tem gente demais nesta casa. Você não acha, coisinha?

Até que um dia, eu não suportei mais tanto descaso e desabafei com minha sogra:

— Pelo amor de Deus, dona Nair! O que a senhora quer que eu faça? Que vá embora? Que me mate? Que desapareça da sua vida?

Nair fingiu não ligar a mínima.

— Para mim, tanto faz! Eu sabia que este casamento não ia dar certo mesmo. Cansei de avisar o tonto do meu filho, mas vocês insistiram...

Eu estava chorando. Desde que sofrera o aborto, uma dor insuportável não me dava trégua. Mas não era uma dor apenas física, era algo que me feria no fundo da alma, escalavrando-me fundas e dolorosas cicatrizes. Uma tristeza imensa, uma apatia, um desconforto terrível...

— Dona Nair, eu não tenho mais razão para continuar morando aqui. Não suporto mais tanta humilhação e agressividade. Seu filho não é mais meu marido, porque prefere agora dormir com a Rosilene. Eu nunca me senti acolhida pela senhora e, embora nunca tenha traído o Amaro, sei que ele jamais vai confiar em mim...

Uns soluços incontidos me obrigaram a fazer uma pausa. Nair aguardou ansiosa pelo desfecho daquele desabafo. Ela sabia que eu estava, finalmente, desistindo de tudo. Por isso, foi com o coração tomado de alegria que absorveu aquelas amargas palavras.

— Eu desisto, dona Nair! Para mim, chega! Não quero morrer de desgosto e de tristeza, nem mais representar um peso na vida de ninguém. A senhora poderia ao menos me ajudar a ir embora?

No auge do seu cinismo, Nair fingiu compaixão.

— Pobre criatura! E para onde você está pensando em ir?

— Não tenho certeza, mas acho que vou procurar o meu irmão.

— Ah, o seu irmão! Aí está um que tem bastante juízo. Lembra-se de que também ele não concordava com o casamento entre você e o Amaro? Só você e o teimoso do meu filho não perceberam o erro que aquilo representava...

Fiz um gesto com a mão, pedindo a ela que não tocasse mais naquele assunto.

— É coisa do passado, dona Nair. Eu sei que a senhora sonha com a minha saída desta casa desde o primeiro momento que botei os pés aqui. É por isso que estou pedindo que me ajude a ir embora. Eu nunca tive dinheiro. Todos esses anos que aqui estive, sempre trabalhei para a senhora e dependi do Amaro para tudo. Agora, para ir embora, eu preciso de algum dinheiro.

— Está bem! — disse Nair. — Se é para você sumir no mundo e deixar o meu filho em paz, eu lhe ajudo.

E, com o acordo selado, caímos num silêncio profundo. Mais tarde, Nair me entregou um pequeno maço de notas. Era o dinheiro que eu havia solicitado para abandonar aquela casa.

Silenciosamente, preparei uma mala com as pouquíssimas coisas que ainda possuía e fiquei preparada para embarcar num velho lotação que passava naquela região uma vez por semana.

Capítulo 21

Amor Fraterno

"Que opinião terão de mim, dizei-vos frequentemente, se eu recusar a reparação que me é pedida, ou se eu não a pedir a quem me ofendeu? Loucos, como vós, os homens atrasados censurar-vos-ão. Mas os iluminados pela chama do progresso intelectual e moral dirão que agistes segundo a verdadeira sabedoria."

O Evangelho segundo o Espiritismo – Cap. XII, item 14

Dois dias depois, numa madrugada fria, de céu estrelado, enquanto Amaro dormia ao lado de Rosilene, eu deixava a casa onde havia passado os anos mais angustiantes da minha vida. Não me despedi de ninguém e, somente Nair, sentindo-se leve e feliz, sabia que eu estava partindo.

Andei um bom trecho a pé, em estradinhas secundárias, até alcançar a estrada principal, por onde passava a condução que me levaria embora. Horas mais tarde, contemplando a nuvem de poeira que se erguia atrás do veículo, eu deixava aquele lugarejo, onde tantas lembranças amargas haviam sido inseridas em minha mente.

Um estranho sentimento de tristeza me envolvia inteiramente. Sentia que alguma coisa estava errada; que alguma tarefa ficara inacabada, mas não tinha a menor noção do que representava aquela sensação esquisita.

Entretanto, mesmo não sabendo o que o futuro me reservava, o fato de saber que não precisaria mais suportar tantas humilhações, deixava-me mais tranquila.

Cedi ao desgaste físico e, apesar dos solavancos da viagem, peguei no sono. Pela primeira vez, desde que sofrera o aborto, não tive nenhum pesadelo. Ao contrário, fui presenteada com um sonho tranquilo, onde um homem de agradável aparência, com um tom de voz brando e amoroso, disse-me palavras confortadoras:

"Minha querida! Eu sei que a vida não lhe tem sido fácil, mas não se sinta desamparada. Há situações pelas quais as pessoas precisam passar; há sofrimentos que são inevitáveis. Mas, acima de tudo, há o nosso Pai Criador a amparar e a cuidar das suas criaturas, fortalecendo-as para que suportem com resignação a esses padecimentos! Tenha fé em Deus! Creia no imenso amor d'Aquele que lhe criou e, apesar de todas as agruras, procure pagar o mal com o bem. Não guarde mágoas ou rancores em seu coração. Procure enxergar aqueles que lhe molestam como criaturas doentes da alma, necessitadas de prece e de perdão."

E essas palavras, ditas com tanta ternura, jamais foram apagadas da minha mente. Acordei quase ao final da viagem, sentindo-me um pouco mais consolada. O semblante tranquilo e belo daquele homem também ficou gravado em minha memória. Embora se tratasse de um sonho, eu tive a nítida impressão de que o conhecia. Mais do que isso, tive a sensação de que havia laços afetivos muito fortes entre nós, pois a emoção que me envolveu, no momento em que visualizei aquele homem, era algo que superava em muito qualquer sentimento experimentado por mim até aquele momento de minha vida.

Então, grata pelo sono confortável que, finalmente, conseguira ter, e pela sensação de paz auferida naquele sonho, lembrei-me das preces que havia aprendido com Deoclécio, em minha infância. Lembrei-me também de uma frase que lera certa vez na Bíblia e que achara muito interessante: *"Deus está nas pequenas, como nas grandes coisas"*, dizia a frase. Eu acreditei que, por trás daquele sonho, havia uma manifestação divina para abrandar o meu sofrimento. Assim, elevei o pensamento ao Criador e, como nos tempos de infância, fechei os olhos e rezei.

Ao final do dia, saltei do ônibus na estrada que ficava a uns dois quilômetros da casa onde eu havia passado a infância. Esse trajeto também precisava ser feito a pé, eu estava cansada e sentia dores na região do ventre, mas, encontrava-me ansiosa demais para me preocupar com tais detalhes. Então segui, vagarosamente, levando a pequena bagagem resgatada da casa de Nair. Enquanto caminhava pela conhecida estradinha da região, a tarde caía lentamente. No horizonte, ao longe, o sol declinava, turvando aquela paisagem que me era tão familiar.

Ao anoitecer, cheguei ao antigo casebre. Ali, praticamente nada havia mudado. O cercadinho de taquara, o telhadinho ocre; as paredes caiadas; a velha chaminé do fogão à lenha, lançando no ar preguiçosos rolos de fumaça; o canteiro de hortaliças, o gracioso caramanchão de flores amarelas, recostado à parede... Tudo permanecia do mesmo jeito.

Mas, eu estava apreensiva, pois não tinha a menor ideia de como seria recebida pelo meu irmão. Deoclécio teria me perdoado? Ou insistiria em manter a palavra dita tempos atrás, proibindo-me de colocar os pés naquela casa? E esta insegurança fazia com que meu coração, já tão maltratado pelos acontecimentos, deixasse-me ainda mais insegura.

Titubeante, aproximei-me do pequenino portão que divisava o quintal da casa e a estradinha. Pensei em entrar, mas, com receio, preferi bater palmas e esperar.

Segundos depois, o vulto de um homem de longas barbas saiu à porta. Como já estava escuro, não dava para distinguir-lhe a silhueta. Levei um susto, pois só agora me ocorreu o pensamento de que Deoclécio poderia não estar mais vivendo ali.

E se tivesse ido embora para longe? Se tivesse morrido? Se eu nunca mais pudesse voltar a vê-lo?

Essas perguntas, que fiz a mim mesma numa fração de segundos, deixou-me ainda mais aflita. Mas logo me tranquilizei, pois reconheci a voz do meu irmão, quando o vulto, aproximando-se do portão, perguntou:

— Quem está aí?

Só então eu percebi como Deoclécio estava mudado. Mais magro, meio encurvado e com aquela barba enorme. Parecia bem mais velho.

Somente quando estava muito próximo de mim, foi que ele me reconheceu. No primeiro momento, pareceu duvidar daquela visão; franziu o cenho, esfregou os olhos e abriu a boca, como se pretendesse dizer qualquer coisa, mas a voz não saiu.

Após um breve segundo de inércia, ele abriu o portãozinho com as mãos trêmulas, avançou em minha direção e, completamente mudo, envolveu-me num caloroso abraço.

Durante alguns minutos ficamos entrelaçados, chorando, misturando lágrimas de saudades e de alívio, sem conseguirmos pronunciar qualquer palavra. O sentimento espetacular daquele reencontro e o sincero e puro amor fraterno que nos envolvia naquele momento dispensavam qualquer comentário.

Quando finalmente nos apartamos, Deoclécio encostou sua fronte na minha e, acariciando o meu rosto banhado pelas lágrimas, balbuciou:

— Obrigado, meu Deus! Oh, como eu sonhei com este momento!

Capítulo 22

O livro

"Venho, meus amigos e irmãos, trazer um óbolo para ajudar-vos a marcharem corajosamente no caminho de aprimoramento em que entrastes. Nós devemos uns aos outros, e, apenas por intermédio de uma união sincera e fraterna entre encarnados e desencarnados a regeneração será possível."

O Evangelho segundo o Espiritismo – Cap. XVI, item 14

O retorno à convivência com meu irmão serviu como um refrigério para a minha alma dolorida. Nos dias que se seguiram, nós tínhamos muito assunto para conversar, mas jamais entramos em detalhes desgastantes.

Narrei episódios da minha vida ao lado de Amaro e Nair, mas evitei contar as situações mais graves, temendo provocar uma revolta maior em meu irmão. Achava que tais detalhes poderiam despertar a antiga animosidade e, em função disso, induzi-lo a uma atitude de vingança contra meu ex-marido.

Com relação à dor no ventre, apenas fiz uma breve queixa e Deoclécio passou a me medicar com uns chás de ervas medicinais, colhidas num canteiro cultivado no quintal.

As coisas que contei, Deoclécio ouviu em silêncio e, para meu espanto, apenas comentou o seguinte:

— São situações pelas quais, muitas vezes, precisamos passar, minha irmã.

Então, lembrei-me de que estas mesmas palavras haviam sido ditas por aquele misterioso homem do sonho. Estranhei a coincidência, mas nada disse ao meu irmão.

No entanto, era impossível deixar de notar a mudança que se operara em Deoclécio. Não se tratava apenas de uma transformação física, mas comportamental. Embora já fosse uma pessoa sempre responsável e atenciosa, ele agora estava imensamente mais calmo, compenetrado, sereno. Seu tom de voz era brando e as palavras soavam com segurança, atitude típica das pessoas que sabem o que dizem. Seus olhos pareciam mais vívidos e transmitiam uma doçura que eu nunca havia notado antes.

Tudo isso me despertou uma grande curiosidade, mas eu não queria simplesmente chegar para ele e perguntar o que havia acontecido. Achei melhor observar, prestar atenção às atitudes e às palavras de Deoclécio. Sabia que cedo ou tarde, acabaria descobrindo o motivo daquela mudança.

Numa tarde em que proseávamos descontraidamente, Deoclécio contou que tivera uma experiência conjugal.

Buscando fugir da solidão que a vida se lhe tornara depois da minha partida, conheceu uma mulher que, tendo sido abandonada pelo marido, fora viver com ele. Viveram juntos durante 4 anos, mas, um dia, sua companheira sofreu um infarto fulminante e desencarnou, deixando-o novamente entregue à solidão.

— Você deve ter sofrido muito... — comentei, penalizada.

— Sofri bastante, irmãzinha! Eu estava muito apegado a ela e fiquei abalado com aquela morte repentina.

Suspirei profundamente e apoiei a mão no ombro do meu irmão.

— É! Parece que não fomos talhados para sermos felizes nesta vida!

Deoclécio me olhou intrigado.

— Por que você diz isto?

— Não sei! Porque me ocorreu...

— Mas você falou de uma maneira que lembra umas coisas que eu ando lendo.

— Você anda lendo? A devoradora de livros aqui sou eu! Desde quando você criou o hábito de ler?

— Peguei este hábito com a Gilda, a mulher que viveu comigo. Ela era professora e trouxe um monte de livros para cá. Depois que ela morreu, eu doei a maioria dos livros para a biblioteca da escola, mas um deles me chamou a atenção por causa do título. Chamava-se *O Evangelho segundo o Espiritismo*. Peguei o livro, dei uma folheada, sem ler, e acabei largando num canto qualquer da casa. Mas, uma noite, eu sonhei com a Gilda me pedindo para ler aquele livro. Ela disse no sonho que eu ia aprender muita coisa com ele.

— E você leu?

— Sim. No dia seguinte, quando acordei, achei que era bobagem e não dei a menor importância para o sonho. Mas, com o passar do tempo, foi me dando uma curiosidade estranha. Uma noite, voltei a sonhar com a Gilda novamente me pedindo para ler o livro e ela disse que depois que eu lesse, teria um assunto a tratar comigo. No dia seguinte, amanheceu chovendo muito e eu não pude nem sair de casa. Então, resolvi dar uma olhada no livro. E foi interessante, porque eu não consegui mais abandonar a leitura.

— Nossa! É assim tão interessante?

— Olha, Glorinha, depois dessa leitura, eu comecei a entender muita coisa que acontece na vida da gente. Achei incrível como as explicações para os nossos sofrimentos e até para as nossas alegrias são sensatas. Entendi também que, para conquistar a verdadeira felicidade, nós precisamos buscar evoluir moralmente todos os dias. Que, independentemente das atitudes dos outros, nós devemos nos preocupar com as nossas próprias atitudes, porque são elas que vão determinar o tipo de futuro que vamos ter.

— Minha nossa, Deoclécio! Você está falando de um jeito diferente. Parece mais evoluído; suas palavras são mais coerentes — observei.

— Descobri a importância dos estudos, irmãzinha! Depois de ter lido *O Evangelho segundo o Espiritismo*, eu resolvi conhecer mais sobre a Doutrina. Então, durante umas férias, viajei e fui conhecer como funciona um Centro Espírita. Assisti a palestras, recebi atendimento espiritual e, quando já estava indo embora, alguém mandou me chamar para receber uma comunicação. Quase morri de emoção, porque era a tal conversa que a Gilda falou que a gente ia ter.

— A Gilda estava no Centro? — perguntei, com cara de espanto.

— Estava, mas não fisicamente. Ela se manifestou por intermédio de um médium e me falou coisas que só nós dois sabíamos, convencendo-me de que era ela mesma que estava falando. Então me orientou sobre os compromissos que eu preciso cumprir e sobre a importância de buscarmos sempre o crescimento espiritual.

— E você, pelo jeito, resolveu seguir os conselhos dela...

— Sim. E hoje eu sinto que a Gilda foi um anjo bom que Deus colocou no meu caminho só para me abrir os olhos para as questões espirituais que existem na vida da gente e sobre os compromissos que a gente assume antes das encarnações. Então, eu comprei outros livros que falam sobre o Espiritismo e tenho estudado bastante.

Eu estava encantada com o meu irmão. De repente, ficou claro o motivo de tanta mudança no comportamento dele.

— Bom, Deoclécio, eu não sei até que ponto o Espiritismo pode ajudar as pessoas, mas pelo menos tenho de admitir que você está muito mudado. Estou muito contente por isso! — disse dando nele um carinhoso abraço.

Deoclécio retribuiu ao meu abraço e comentou:

— Quando você falou aquilo de a gente não ter sido talhado para a felicidade, eu achei que você também já tivesse lido alguma coisa a respeito desses assuntos.

— Ainda não li, meu irmão, mas agora fiquei muito curiosa e quero ver esse tal Evangelho.

Deoclécio foi ao seu quarto e retornou com o livro.

— Aqui está, Glorinha! É todo seu. Faça uma boa leitura e depois, quando você tiver vontade, vamos conversar a respeito de tudo o que está escrito aí.

Deoclécio foi cuidar do jantar, e eu abri o livro ao acaso. Deparei-me com um trecho do item 8, do capítulo XIV:

"*...Os Espíritos que se encarnam numa mesma família, sobretudo como parentes próximos, são, o mais frequentemente, Espíritos simpáticos, ligados por relações anteriores, que se traduzem pela afeição durante a vida terrena. Mas pode ainda acontecer que esses Espíritos sejam completamente estranhos uns para os outros, separados por antipatias igualmente anteriores, que se traduzem também por seu antagonismo na Terra, a fim de lhes servir de prova...*"

Interrompi a leitura e fiquei imaginando que, se aquilo fosse mesmo verdade, deveria haver um laço muito positivo entre mim e Deoclécio e, por outro lado, eu deveria ter uma ligação bastante negativa com Amaro e Nair.

Um pouco mais à frente, deparei-me com este trecho do item 9, daquele mesmo capítulo:

"...Oh, espíritas! Compreendei neste momento o grande papel da Humanidade! Compreendei que, quando gerais um corpo, a alma que se encarna vem do espaço para progredir. Tomais conhecimento dos vossos deveres, e ponde todo o vosso amor em aproximar essa alma de Deus: é essa a missão que vos está confiada, e da qual recebereis a recompensa, se a cumprirdes fielmente."

Interrompi novamente a leitura e fiquei pensando no filho que eu havia concebido e que fora abortado por Nair.

Acabei lendo todo o Capítulo XIV, que fala sobre a constituição das famílias e, ao final da leitura, convenci-me de que havia muito sentido entre o que ali estava escrito e o que estava ocorrendo em minha vida.

Eu estava pensativa, analisando a leitura, quando Deoclécio se aproximou:

— E então? Já leu alguma coisa? Quer conversar a respeito?

— Não sei se fiz a coisa certa, mas não li a partir do começo. Senti vontade de ler o Capítulo XIV, tem algum problema?

— De modo algum! — respondeu ele, sorrindo. — Geralmente, o primeiro contato com o Evangelho é despertado por um tema que nos chama a atenção. Comigo também foi assim. Só mais tarde foi que passei a adotá-lo como uma fonte de estudo.

— Este capítulo fala sobre os laços de família e me deixou muito intrigada. Se o que está escrito aqui for verdade, o Amaro e a mãe dele devem ser meus inimigos do passado. Principalmente a dona Nair, que desde o primeiro momento me tratou com tanta raiva. Por outro lado, você deve ter sido um anjo bom que cuidou de mim, no passado, não é? — brinquei.

Deoclécio me encarou com ternura.

— Eu espero que sim, minha irmã, mas pode não ser bem isto. Segundo o que tenho estudado, pode ser que nós, mesmo tendo motivo para nos odiar, estejamos mais conscientes e comprometidos com os objetivos da encarnação atual. Mais propensos ao perdão...

— Ué, essa eu não entendi — observei.

— Um dos principais objetivos da reencarnação é a reconciliação entre os inimigos. Então, é natural que esses inimigos voltem a conviver juntos, quase sempre no seio familiar. Acontece que aqueles que se arrependeram mais seriamente dos erros cometidos e mais se comprometeram em consertar esses erros, farão um esforço muito maior para manterem uma boa convivência com todos os membros da sua família e de outras pessoas que, no decorrer dos tempos, venham a fazer parte da sua vida.

— Como os colegas de trabalho?

— Sim. Colegas de trabalho, de estudos, parentescos advindos de uniões conjugais, como sogros, cunhados, primos, sobrinhos, filhos adotivos... E por aí vai!

— E por que algumas convivências são tão tumultuadas?

— Porque são Espíritos que se recusam a conceder o perdão às pessoas que os ofenderam. Como ainda trazem muita mágoa e rancor no coração, quando se deparam com seus antigos inimigos, esses sentimentos negativos são reativados. Mesmo não se lembrando do que aconteceu no passado, eles instintivamente voltam a sentir aquele mesmo ódio.

— Então essa história de antipatia gratuita...

— É uma grande balela, minha irmã! Nada é por acaso neste mundo. Nenhuma simpatia ou antipatia é gratuita. Nenhuma relação entre as pessoas ocorre por casualidade. Tudo tem a sua razão de ser e tudo contribui para que o ser humano evolua e cresça.

— Nossa, Deoclécio! Eu não estou lhe reconhecendo, meu irmão! Posso compartilhar esses ensinamentos com você?

— Não só pode, como deve, Glorinha! — disse Deoclécio, abraçando-me.

E voltamos a conversar sobre todas aquelas novidades que tanto discernimento trouxeram à vida de Deoclécio e que começava a irradiar luz também ao meu entendimento.

Capítulo 23

Rômulo

"Isso em que consiste a felicidade na Terra é uma coisa tão efêmera para aquele que não se guia pela prudência que, por um ano, um mês, uma semana de completa satisfação, todo o resto da existência decorre numa série de amarguras e decepções."

O Evangelho segundo o Espiritismo – Cap. V, item 20

Na casa de Nair, as coisas não estavam nada bem. Ao saber que eu havia ido embora, Amaro teve uma crise de ciúme e, só muito a custo, foi contido pela mãe. Ele pretendia ir atrás de mim para me levar de volta, nem que fosse à força. Mas, Nair, usando a grande influência que exercia sobre o filho, conseguiu acalmá-lo e o convenceu a desistir da ideia.

Mas, um outro fato acabaria complicando ainda mais a já conturbada situação daquela família tão desestruturada: Rosilene engravidou de Amaro e, ao saber da gravidez da mulher, meu ex-marido ficou histérico, pois não sabia o que pensar. Teria sido traído de novo?

Chamou a mãe para uma conversa reservada e muito séria, quando a inquiriu com severidade:

— Mãe, diga-me o que está acontecendo. Porque se a senhora confirmar aquela história de que sou infértil, eu vou matar a Rosilene.

Amaro estava muito nervoso. Enquanto questionava a mãe, acariciava um afiado punhal que trazia sempre preso à cintura. Essa atitude provocou um grande desespero em Nair.

— Não, meu filho! Não faça uma bobagem dessas...

Nair não sabia o que fazer. Mesmo que o filho repensasse a questão e não matasse Rosilene, ele iria acabar expulsando-a de casa e Nair tinha um relacionamento bem mais saudável com sua nora atual. Havia se afeiçoado a ela e não queria que Rosilene fosse embora. Por isso, achou melhor dizer a verdade; afinal, eu já havia mesmo partido, e Amaro parecia muito apegado à nova mulher.

Então, ela olhou para o filho com a maior candura que sua natureza embrutecida pudesse permitir, tentando apaziguar aquele coração revoltado.

— Meu filho, eu preciso lhe confessar uma coisa, mas quero que você entenda que tudo o que eu fiz foi para o seu bem.

— Então fala de uma vez, mãe, que eu não aguento mais essa angústia. Eu fui traído de novo ou não fui?

— Não, meu filho. Você nunca foi traído.

— Quer dizer que...

— Que você não é infértil coisa nenhuma. Que eu inventei essa história para pôr um fim no seu casamento com aquela coisinha esquisita.

Amaro encarou a mãe com incredulidade; os olhos fixos no rosto dela; o semblante tenso.

— O quê? Então o filho que Glorinha estava esperando...

— Esquece o filho que ela estava esperando, meu filho! Acabou! A criança morreu! Você agora tem que pensar é no filho que a Rosilene está esperando. É ela que é a sua mulher! A sonsa da Glorinha fugiu, abandonou-lhe. A essas alturas, já deve ter arrumado outro trouxa para lhe fazer as vontades...

— Mas, a senhora não tinha o direito de mentir para mim, mãe.

— Fiz o que fiz para o seu próprio bem! E eu estava certa. De qualquer modo, a Glorinha ia lhe deixar mesmo, seu bobo! E o pior é que ainda ia levar o seu filho junto.

— Mas... Mas... — Amaro estava atônito.

A paciência de Nair, que já era muito limitada, esgotou-se de vez, e ela, como sempre fazia para se impor sobre o filho, começou a gritar:

— Deixe de ser tonto, rapaz! Esquece de uma vez aquela sonsa e trata de cuidar da sua verdadeira mulher e do filho que está vindo aí!

Percebendo que Amaro se encolhera, submisso, Nair deu um ultimato:

— Não quero mais ouvir falar o nome daquela coisinha dentro da nossa casa, ouviu? A partir de hoje, só se fala na Rosilene e no meu neto, que vamos receber com muita alegria! Entendeu?

Amaro levantou-se e, sem nada dizer, saiu para dar uma volta. Precisava respirar ar puro para absorver todas aquelas novidades, senão acabaria enlouquecendo.

Os dias que se seguiram foram de grande agitação naquela casa. Rosilene, cuja barriga crescia gradativamente, tornou-se muito enojada e teve de abandonar o hábito de beber. Dessa forma, estando mais lúcida, começou a achar que havia cometido um grande equívoco. Sempre fora uma mulher livre, desimpedida e autossuficiente.

Agora, vivia sob o cabresto de uma sogra que, apesar de agradável para com ela, deixava-a sem liberdade. O sentimento que nutria por Amaro era fútil demais para garantir qualquer estabilidade conjugal. De repente, a vida se lhe tornou monótona demais e ela começou a sentir falta das farras vividas em épocas de liberdade.

Assim, começou a evitar a companhia de Nair e expulsou Amaro do seu quarto, dizendo que o cheiro de aguardente, já que ele estava cada vez mais dependente do álcool, a incomodava, provocando-lhe vômitos.

Nair e Amaro não tiveram alternativas, a não ser ceder às vontades de Rosilene e aguardarem com paciência que ela ganhasse logo a criança e voltasse a ser a mulher bem humorada de antes.

A última semana de gestação foi muito complicada, e Rosilene quase morreu de dores. Internada no hospital municipal, teve acompanhamento médico até o momento do parto, que precisou ser realizado por meio de uma cirurgia.

O nascimento da criança não pôde sequer ser comemorado pela família, pois se tratava de um menino franzino e muito doente, a quem registraram com o nome de Rômulo. Tão logo veio ao mundo, a criança foi colocada numa incubadora, de onde só saiu dois meses depois.

A essas alturas, Rosilene já havia voltado para casa e sofria imensamente com o período pós-operatório, pois desenvolvera um processo infeccioso nos pontos da cirurgia. Estava sendo tratada com antibióticos fortíssimos, que a mantinham com os mesmos enjoos do tempo da gravidez.

Quando Rômulo recebeu alta, Nair e Amaro foram buscá-lo e o que levaram para casa foi um bebê chorão, miúdo e que, ainda em tenra idade, já daria claras demonstrações de rebeldia e agressividade.

A chegada da criança àquela casa, em vez da alegria que Amaro e Nair esperavam sentir, levou preocupação e muita ocupação a todos eles.

À medida que o tempo passava, Rosilene foi superando os problemas de saúde e voltando a ser a mulher desajuizada de antes. Enquanto Amaro estava no trabalho, ela começou a inventar motivos para sair, dizendo que ia ao médico ou fazer compras, e deixava o filho para que a sogra tomasse conta.

Nair começou a desconfiar da nora, pois ela se arrumava e se perfumava muito para essas saídas, e demorava cada vez mais para voltar para casa. Isso começou a irritar a mãe de Amaro, pois a criança dava muito trabalho; chorava o tempo todo e não dava tréguas para que Nair pudesse realizar as tarefas domésticas.

Um dia, em que a nora chegou visivelmente embriagada, após haver passado o dia inteiro ausente, Nair falou, incisiva:

— Olha aqui, Rosilene! Eu não sou babá do seu filho não, ouviu? A partir de hoje, se você quiser sair de casa, vai ter que levar o Rômulo junto.

Rosilene olhou para a sogra com ar de deboche, deu as costas e entrou no quarto. Esse gesto de desprezo foi uma humilhação que Nair jamais deixaria passar em branco. Descontrolada, a mulher escancarou a porta do quarto com um pontapé.

— Quem você pensa que é para me tratar assim, dentro da minha própria casa? — perguntou aos gritos, provocando um choro estridente na criança que estava dormindo e que acordou sobressaltada.

Rosilene fingiu não ter ouvido e começou a assobiar. Nair não conseguiu se conter, aproximou-se da mulher de seu filho e aplicou-lhe uma violenta bofetada no rosto. Rosilene, com a face ardendo, exibindo a marca vermelha provocada pela agressão, encarou a sogra bem de perto e rosnou:

— Sua bruxa! Miserável! A Glorinha é que estava certa de deixar esta casa de loucos! Você e o idiota do seu filho se merecem!

E simplesmente saiu. Foi embora para sempre, deixando a criança aos prantos, a sogra ensandecida, o marido desinformado e nunca mais pisou naquela casa, nem voltou mais a ser vista na região.

Capítulo 24

Advertência

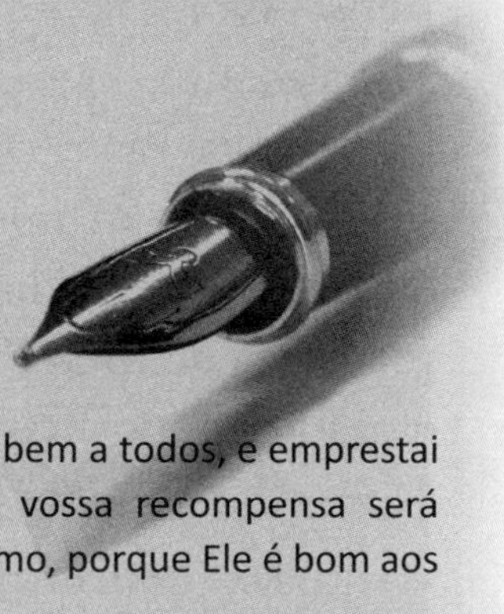

"Amai vossos inimigos, fazei o bem a todos, e emprestai sem esperar nada de volta, e então vossa recompensa será muito grande, e sereis o filho do Altíssimo, porque Ele é bom aos ingratos, e mesmo aos maus."

O Evangelho segundo o Espiritismo – Cap. XII, item 2

Os anos se passaram, e eu continuei vivendo com o meu irmão. Deoclécio tornara-se administrador de uma cooperativa de pequenos produtores de artesanato, que tinha sido instalada naquela região, e conseguiu trabalho para mim na linha de produção. Dedicada e zelosa, logo me tornei uma competente artesã e meu trabalho consistia em produzir tapetes, colchas e redes de dormir. Fiquei muito feliz, pois além de conquistar finalmente a minha independência financeira, eu realizava um ofício agradável e prazeroso.

Eu e Deoclécio continuávamos estudando os livros da codificação. Esses novos ensinamentos estavam tão de acordo com as minhas aspirações, que passei a encará-los como verdades incontestáveis. O que ocorria é que, durante o sono, eu era conduzida às regiões espirituais e, também lá, comecei a receber orientação sobre os compromissos assumidos.

Assim, a imagem daquele homem tão elevado moralmente, que me aparecera em sonho e dissera tantas palavras reconfortantes, passou a ficar cada vez mais nítida em minha mente. Eu não sabia quem era ele, mas, orientada por *O Livro dos Espíritos*, deduzi que se tratava de meu Espírito protetor. Cheguei a esta conclusão quando li as perguntas e respostas das questões 489 a 492 daquele livro:

"Há Espíritos que se liguem particularmente a um indivíduo para protegê-lo?

"Há o irmão espiritual, o que chamais o bom Espírito ou o bom gênio."

"Que se deve entender por anjo de guarda ou anjo guardião?

"O Espírito protetor, pertencente a uma ordem elevada."

"Qual a missão do Espírito protetor?

"A de um pai com relação aos filhos; a de guiar o seu protegido pela senda do bem, auxiliá-lo com seus conselhos, consolá-lo nas suas aflições, levantar-lhe o ânimo nas provas da vida."

"O Espírito protetor se dedica ao indivíduo desde o seu nascimento? "

"Desde o nascimento até a morte e muitas vezes o acompanha na vida espírita, depois da morte, e mesmo através de muitas existências corpóreas, que mais não são do que fases curtíssimas da vida do Espírito."

Ao acordar, eu não me lembrava dos detalhes dos encontros realizados durante a noite, mas ficava uma vaga lembrança das reuniões que eu julgava, inicialmente, se tratar de sonhos.

Mas, depois, à medida que me aprofundava nos ensinos espirituais, descobri que eram situações reais. Então, passei a pedir a Deus em minhas orações noturnas que, ao despertar, eu conservasse uma lembrança mais nítida das orientações recebidas de meu Espírito protetor.

E foi desse modo que acordei um dia com uma importante advertência muito viva em minha mente.

"As pessoas do seu passado estão precisando de você, Glorinha! Não se esqueça do que disse o Cristo sobre a caridade para com os inimigos. Lembre-se de que não existe crescimento moral sem renúncia e entrega, e que, fora da caridade, não há salvação!"

Encarei aquela advertência com muita seriedade e falei sobre ela com Deoclécio. Meu irmão também deduziu que se tratava de uma importante orientação.

— Como estarão as coisas na casa do seu ex-marido? — perguntou.

E eu não soube o que responder, pois desde que os abandonara, quase uma década antes, nunca mais tive notícias de qualquer um deles.

— Se o meu compromisso cármico for com eles, acho que devo pensar numa reaproximação, saber se estão bem... Afinal, não consegui debelar o ódio de Nair, nem o desprezo que ela induziu Amaro a sentir por mim.

— Sua preocupação faz sentido, minha irmã. Mas, essas coisas precisam ser feitas com muita cautela. Jesus disse para amarmos e perdoarmos os inimigos. Mas, quanto aos inimigos nos amarem e nos perdoarem, é uma coisa que só eles podem fazer.

— Sim, mas é necessário fazermos a nossa parte. A mensagem que recebi não me deixa dúvida de que estão precisando de ajuda e, certamente, eu estou envolvida na mesma trama que eles. Portanto, a única maneira de fazer a minha parte é me reaproximando deles.

— Tudo bem — concordou meu irmão. — Mas, desta vez, eu também vou fazer diferente. Quero estar ao seu lado, como aliás, deveria ter feito desde o princípio. Quando você se casou, deixei o ciúme e o egoísmo falarem mais alto e, com o orgulho ferido, eu lhe voltei as costas. Agora, consciente de que esses sentimentos são os que mais atrasam a nossa evolução moral, não vou lhe abandonar de novo.

Fiquei muito feliz com as palavras de Deoclécio, de quem, aliás, eu não poderia esperar outra coisa. Como ele havia mudado, meu Deus!

Eu estaria sendo falsa se dissesse que a decisão de procurar Nair e Amaro foi tranquila. Precisei lutar comigo mesma para me convencer de que o melhor a fazer era procurá-los. Ocorre que, às vezes, nós até sabemos das nossas obrigações, mas relutamos em deixar o nosso conforto para fazermos aquilo que precisa ser feito.

Assim, voltei um dia ao meu antigo lar, onde a situação que iria presenciar era muito mais delicada do que eu poderia supor.

Na casa viviam agora Nair, Amaro e o pequeno Rômulo, que estava beirando os 8 anos de idade. Amaro, após ter sido abandonado por Rosilene, entrou numa profunda depressão e se tornou improdutivo para o trabalho. Cada vez mais dependente de bebida alcoólica, passava uma parte do dia bebendo e a outra dormindo, sem disposição para fazer qualquer coisa. A casa passou a ser sustentada por Nair, que se virava como podia, plantando e vendendo hortaliças numa pequena feira, mas os rendimentos que conseguia com isso eram irrisórios.

Rômulo tornou-se um grande estorvo na vida já tão sacrificada daquela mulher, que era obrigada a arrastá-lo para todos os lados, pois não confiava em deixá-lo a sós com o pai. Não que temesse pela segurança do neto, mas ao contrário, temia que Rômulo pudesse fazer alguma maldade a Amaro, já que o menino, apesar da pouca idade, demonstrava claros sinais de antipatia, tanto pelo genitor quanto pela avó. Além disso, era possuidor de uma natureza altamente agressiva.

Assim que aprendeu o significado das palavras, a primeira frase que Rômulo disse, dirigindo-se a Nair e Amaro, durante um dos vários surtos de agressividade que tinha, foi:

— Eu odeio vocês, seus malditos!

Amaro não deu a mínima, mas Nair ficou histérica. No fundo, também sentia uma grande antipatia pelo neto e não perdia a menor oportunidade de surrá-lo. A tumultuada convivência acabou gerando um ciclo vicioso de agressividades: quanto mais Nair surrava o menino, mais ele a odiava. Quanto mais Rômulo a odiava, mais vontade Nair sentia de bater no neto.

Rômulo era a reencarnação de Teodoro que, impossibilitado de nascer como meu filho, mas precisando urgentemente conviver com seus desafetos, acabou vindo à Terra por intermédio da união de Amaro e Rosilene.

As animosidades entre Teodoro e Nair, que já provinham do tempo em que ela, como Deolinda, fora corresponsável pelo seu assassinato e que se prolongara por longo tempo nas regiões umbralinas, agravaram-se ainda mais após ela ter provocado o aborto dele em meu útero.

Por isso Rômulo, mesmo protegido pela lei do esquecimento, tinha, inconscientemente, tanta aversão pela avó. E essa raiva se estendia ao genitor, que permitira a atitude tresloucada de Nair, ao matar o feto que abrigaria o Espírito Teodoro.

A orientação para que eu me reaproximasse de Nair e Amaro não se restringia à convivência com os dois, mas também com o homem que eu havia assassinado na encarnação passada, e com o qual também deveria me reconciliar.

Capítulo 25

Reaproximação

"Se estiveres para trazer tua oferta ao altar e te lembrares que teu irmão tem algo contra ti, deixa tua oferta ao pé do altar e vai primeiro reconciliar-te com teu irmão."

O Evangelho segundo o Espiritismo – Cap. X, item 7

Cheguei àquela casa, num dia pouco feliz. Nair estava muito irritada, e brigava com o filho e com o neto ao mesmo tempo. Eu estava sozinha, pois havia pedido a Deoclécio e ao motorista que havíamos contratado para a viagem, que me esperassem um pouco distanciado da residência.

Antes de me aproximar da casa, já podia ouvir os gritos de Nair:

— Vocês são dois miseráveis, que não prestam para nada, a não ser para emporcalhar a casa toda — urrava, agitando uma vassoura no ar.

Precisei bater palmas no quintal várias vezes até que a mulher, após cessar os gritos, conseguisse ouvir.

Saiu à janela e, ao me ver, pareceu não acreditar. Mas, assim que acreditou, deixou claro que não havia gostado nem um pouco.

— O que você está fazendo aqui? — perguntou contrariada.

— Vim fazer uma visita...

— Não foi uma boa ideia! — gritou Nair, e já ia me despachar, quando Amaro assomou à porta.

Meu ex-marido estava com uma aparência horrível. Vestido com uns trapos, a pele amarelecida, os olhos cozidos pelo álcool, o rosto inchado, macilento...

— Ora, se não é a Glorinha que está aqui! — exclamou com voz mole. E, trôpego, foi ao meu encontro.

Quando ele se aproximou, senti seu hálito azedo e um odor desagradável que denunciava desmazelo com a higiene pessoal. Logo percebi que Amaro não tinha muita noção das coisas que fazia e falava.

Ajoelhou-se diante de mim, fez o sinal da cruz e começou a dizer coisas desconexas:

— Aí está a minha santinha que caiu do céu... Que me abandonou, mas voltou... Que me deu um filho, mas depois jogou fora... — e começou a chorar e a rir ao mesmo tempo.

Nair saiu da casa aos gritos:

— Amaro, seu monte de estrume! Saia daí!

Aproximou-se e o puxou pela orelha:

— Entra! Entra logo, seu retardado! Quantas vezes já lhe disse para não deixar o quarto?

Amaro saiu cambaleando, enxugando as lágrimas com a manga da blusa em farrapos. Antes de entrar, ainda olhou para trás e balbuciou, rindo:

— A minha santinha voltou...

Nair estava bem à minha frente, demonstrando um flagrante nervosismo.

— Está satisfeita agora, dona coisinha? Contente de ver que bela miséria isto aqui se tornou? Meu filho dementado... Eu tendo que fazer tudo...

Naquele momento, Rômulo, que até então não havia dado as caras, apareceu no quintal, perseguindo um cãozinho vira-latas, com um estilingue.

— Não bastasse isso, ainda me arrumam este moleque insuportável, que só sabe fazer o que não presta! — e virando-se para ele: — Se você machucar este cachorro, eu lhe arrebento a fuça, seu maldito!

Era a primeira vez que eu via o pequeno Rômulo e sua aparência me causou um certo mal-estar. Era um menino visivelmente rebelde e mal educado. Tinha um semblante frio, e não foi necessário que me dissessem ser filho da Rosilene, pois era fisicamente muito parecido com ela. Foi com voz desafiadora que respondeu à avó:

— Mato este vira-latas; mato meu pai e mato você, com o meu possante estilingue, sua chata! — ameaçou, apontando a arma em direção a Nair.

E foi então que ele notou a minha presença. Sua primeira reação foi de surpresa, mas logo depois mudou a postura. Lançou sobre mim um olhar de desdém, mostrou-me a língua e, antes que a avó o alcançasse para castigá-lo, deu uma gargalhada nervosa e saiu em disparada, na direção que o cachorro havia seguido.

— Volte aqui, seu cão maldito! — gritava, engrossando a voz para imitar os adultos.

Nair voltou a me olhar, como se perguntasse o que eu ainda estava fazendo ali.

— Dona Nair — tentei argumentar —, vim de longe para visitá-los. Para saber se estão precisando de alguma coisa... A senhora não precisa mais brigar comigo...

— Vou brigar sempre com você — disse ela com voz impostada. — Sabe por quê?

Fiz um gesto com as mãos e a boca, como a dizer "não faço a menor ideia".

— Porque eu simplesmente não gosto de você.

— Mas, dona Nair... — tentei argumentar.

Ela me interrompeu.

— Não me pergunte por que lhe odeio, pois não saberia lhe dizer, mas a verdade é que não suporto nem olhar para a sua cara.

— Quem sabe se Deus não nos colocou juntas para nos entendermos?

— Deus? Só se Ele não for justo e bom coisa alguma, como diz a Bíblia. Onde já se viu, nos obrigar a viver com quem a gente odeia!

— Talvez seja justamente para que haja o perdão, a reconciliação...

Ela fez um ar de mofa, virou-se e ameaçou entrar.

— Por favor! — pedi-lhe. — Vim de longe só para conversar com a senhora. Não me faça essa desfeita.

Nair me encarou com impaciência. Colocou as mãos na cintura e, deixando escapar um profundo suspiro, asseverou:

— Então, fala logo, criatura! Não tome muito o meu tempo, porque tenho muitos afazeres me esperando.

E o que eu disse a Nair foi justamente aquilo em que acreditava. Falei-lhe de antigos ódios, conquistados em vidas passadas e da necessidade de perdoarmos uns aos outros. Incrivelmente, ela me ouviu durante um bom tempo, até exclamar, finalmente, uma frase de desdém:

— Quanta besteira! Pelo jeito a coisinha virou uma bela espírita!

Mas, apesar do que ela disse, eu tinha certeza de que alguma coisa positiva Nair havia absorvido naquela conversa. Afinal, a vida não estava sendo fácil para ela. Rosilene a abandonara; o filho estava enlouquecendo e o neto lhe demonstrava um ódio crescente.

Em nenhum momento, Nair me convidou para entrar, não me ofereceu nada, não perguntou como eu havia chegado ali e como iria embora, se estava só ou acompanhada... Foi como se eu não tivesse a menor importância para ela. Mas senti que o primeiro passo para uma possível reaproximação havia sido dado e estava feliz por isso.

Mais tarde, contando a Deoclécio o que havia acontecido, ele me parabenizou:

— Fiz muitas vibrações para que tudo desse certo, minha irmã! Você está fazendo a sua parte e, com certeza, seu Espírito protetor está muito satisfeito com você!

Capítulo 26

Internação

"Se teu irmão pecou contra ti, cobra-lhe a falta a sós, entre ti e ele. Se ele te ouvir, terá ganhado teu irmão."

O Evangelho segundo o Espiritismo – Cap. X, item 3

Após aquela visita a Nair, continuei indo à casa dela, onde era recebida sempre com a mesma frieza. Mas, conhecedora das necessidades que eles estavam enfrentando, e como minha situação financeira estivesse bem melhor, passei a levar mantimentos, roupas e outros agrados que minha ex-sogra fingia não precisar, mas que, no fundo, adorava.

Foi também deste modo que consegui me aproximar de Rômulo. Ao me ver chegando com brinquedos e algumas guloseimas, ele vinha até mim, mas, assim que pegava as prendas, sempre de cabeça baixa, saía correndo, gritando umas coisas que eu não compreendia bem o que eram.

Amaro piorava a cada dia. Cada vez permanecia mais tempo na cama, e começou a ficar abobalhado, olhando para o vazio, a boca aberta, os olhos vidrados, babando.

Um dia em que eu conversava com Nair, sem que ela houvesse ainda me convidado para entrar em sua casa, ouvimos um grito que vinha do quarto de Amaro. Ela correu automaticamente para lá, e eu, numa atitude impensada, fui atrás dela. Nem me dei conta de que não havia sido convidada.

Ao chegarmos ao quarto, a cena que vimos foi estarrecedora: Amaro havia tentado se matar, dependurando-se pelo pescoço, numa corda que amarra à cumeeira do telhado. Só não conseguiu concretizar o intento porque a corda, que estava apodrecida, arrebentou e ele caiu, batendo a cabeça com muita força no chão. Antes de perder os sentidos, havia dado o grito que eu e Nair ouvíramos.

Amaro sofreu um corte na cabeça e estava sangrando muito. Com muita dificuldade, conseguimos deitá-lo na cama. Nair saiu para providenciar uma salmoura para estancar a ferida, e eu fiquei sozinha no quarto com ele. Fiquei olhando para aquele trapo humano, tentando identificar nele o rapaz atraente que eu havia conhecido em minha mocidade. Mas, aquele farrapo que ali estava, totalmente destruído pelo vício e pela loucura, não era nem a sombra do antigo Amaro.

Eu estava compenetrada nesses pensamentos, refletindo sobre o quanto a vaidade humana é ilusória e pueril, quando, de repente, Amaro abriu os olhos e falou uma coisa que, naquele momento, eu não tinha a menor condição de compreender e que aludi à sua debilidade mental:

— Tira... Tira esse laço do meu pescoço, Adélia! Morri porque você me pediu, mas o laço está muito apertado... Ajuda-me! Ajuda-me!

O que me pareceu estranho, foi o fato de as palavras terem sido pronunciadas com um forte sotaque francês. Além disso, eu não tinha a menor noção de quem era Adélia e muito menos a que ele estava se referindo.

Assim que terminou de falar, Amaro cerrou os olhos e retomou o estado inconsciente em que se encontrava. Quando Nair retornou ao quarto, ele estava novamente dormindo e em nenhum momento demonstrou ciência do que havia falado.

Naturalmente, nada disse à minha ex-sogra. Mais tarde, comentei o fato com Deoclécio e chegamos à conclusão de que ocorrera ali uma manifestação espiritual e, com certeza, as palavras ditas por Amaro estavam relacionadas a situações vividas anteriormente por nós.

— Ele está precisando de ajuda — disse eu. — Pelo jeito, é um Espírito com forte propensão à automorte. Não bastasse o suicídio lento, representado pelo alcoolismo, ele quase se comprometeu ainda mais, enforcando-se.

— E o pior é que certamente voltará a atentar contra a própria vida — advertiu meu irmão. — Nesses casos, é muito comum que haja reincidências.

— Será que nós conseguiríamos interná-lo num hospital, onde ele possa ser convenientemente tratado?

— Vou ver o que pode ser feito — disse Deoclécio, que graças ao belo trabalho desenvolvido à frente da cooperativa, tornara-se uma pessoa relativamente influente naquela região.

Dois dias depois, retornei à casa de Nair e fui informada por ela de que a situação de Amaro estava cada vez mais grave. Ele dera de alternar momentos de sono profundo com outros de crises de loucura, e dava muito trabalho para ser apaziguado nessas circunstâncias. Além disso, gemia muito, queixando-se de fortíssimas dores abdominais.

— Meu irmão está aí comigo — informei à Nair. — Estamos de carro e temos condições de providenciar a internação do Amaro num manicômio, onde ele será medicado e cuidado por profissionais.

Foi a primeira vez que minha ex-sogra me olhou com um breve olhar de gratidão, embora não deixasse de demonstrar também uma certa desconfiança.

— Está bem! Eu aceito a ajuda de vocês — disse, após refletir um pouco.

A verdade é que ela não estava mais suportando a convivência com o filho dentro de casa e, apesar da antipatia que ainda nutria por mim, não teve como recusar a proposta.

Assim, Amaro foi internado e colocado sob tratamento especializado. Por um tempo, obteve uma considerável melhora. Às vezes, eu ia visitá-lo e, quando ele estava lúcido, nós conversávamos bastante durante essas visitas.

Várias vezes, ele, chorando, me pediu perdão. Disse que se arrependera de haver me tratado tão mal e de ter desconfiado da minha honestidade. Dizia que, se pudesse voltar no tempo, faria tudo diferente desta vez; que daria a mim o valor que eu sempre mereci, mas que a ignorância não o deixou perceber.

Eu dizia a ele que não havia guardado qualquer mágoa e lia passagens do Evangelho para acalmá-lo.

Mas, não demorou muito e sua situação voltou a se agravar. Os médicos concluíram que o caso dele era irreversível. Além dos transtornos mentais, Amaro havia contraído uma gravíssima cirrose hepática que estava minando inteiramente o seu fígado, além de outros órgãos que também estavam muito comprometidos. Restava-lhe pouco tempo de vida.

Permaneci ao lado dele, amparando-o, já que, extremamente ocupada com Rômulo, Nair não dispunha de tempo para visitar o filho. Além disso, o hospital ficava bem mais próximo de onde eu morava do que da casa dela.

Amaro desencarnou numa tarde morna de outono, quando eu, sentada à cabeceira de sua cama hospitalar, lia para ele um trecho do item 4, do capítulo X, de *O Evangelho segundo o Espiritismo*:

"...A misericórdia é o complemento da doçura, pois aquele que não é misericordioso não poderia ser dócil e pacífico...".

Sedado pelos medicamentos que aliviavam as suas dores físicas, simplesmente fechou os olhos e parou de respirar.

Ao perceber que ele havia feito a passagem, elevei uma prece a Deus, em favor de sua alma e, com o coração tomado de emoção, beijei sua fronte e lhe pedi:

— Perdoa-me, meu amigo! Perdoa-me, porque eu já o perdoei há muito tempo!

Na esfera espiritual, Amaro se viu novamente enleado nas teias do sofrimento, pois voltara a cometer erros muito parecidos com os que cometera na encarnação anterior. Mas, agora, com a consciência um pouco mais despertada, teria condições de se preparar melhor para a próxima experiência encarnatória. Seguia a passos lentos em sua jornada evolutiva.

Capítulo 27

Cobrança

"Quando Jesus recomenda que se reconcilie o mais cedo possível com seu adversário, não é apenas para apaziguar as discórdias durante a existência atual, mas para evitar que elas se perpetuem nas existências futuras."

O Evangelho segundo o Espiritismo – Cap. X, item 6

Com o desencarne de Amaro, continuei a visitar Nair, embora com menos frequência, já que eu e Deoclécio iniciamos um trabalho social, atendendo em nossa própria casa um certo número de pessoas carentes, aos quais oferecíamos alimento e roupas, angariados junto aos empresários que tinham relações comerciais com a cooperativa.

O grande número de pessoas necessitadas se dava pelo fato de o município haver crescido bastante nos últimos anos, principalmente após a instalação da cooperativa, que se tornou um ótimo empreendimento na região. Cada vez mais candidatos a empregos eram atraídos para lá, mas a contratação nem sempre era possível, pois nem todos tinham aptidão para desenvolver os trabalhos exigidos pelo empregador.

Muitas daquelas pessoas estavam fugindo da seca em seus locais de origem e, cientes de que nada de bom as aguardava, caso optassem por retornar, decidiam permanecer ali, esperando por dias melhores, arriscando a sorte. Às vezes, eram famílias inteiras que se encontravam nessa situação, sem ter sequer o que comer.

Foi por isso que Deoclécio e eu decidimos desenvolver aquele trabalho, que passou a ocupar boa parte do nosso tempo disponível, mas que realizávamos com muito amor.

Um dia em que fui visitar Nair, estranhei a ausência de Rômulo no quintal da casa. Embora não houvesse demonstrado qualquer gesto de afeição ou simpatia por mim, ele, que tinha agora uns 13 anos de idade, já havia se acostumado com as minhas visitas e, toda vez que ouvia o barulho do carro, ia correndo se encontrar comigo para pegar os presentes que eu sempre lhe levava.

Naquele dia, ele não apareceu. Bati palmas, chamei por Nair e ouvi sua voz responder com muita fraqueza, no interior da casa:

— Estou no meu quarto. Entre aqui, Glorinha!

Calculei que Nair estivesse doente e entrei apressada. Realmente ela estava em sua cama, o que não era comum. Nair jamais se deitava durante o dia.

— O que houve? — perguntei, preocupada. — A senhora não está passando bem?

Nair apenas levantou o cobertor e mostrou-me a barriga, onde havia um ferimento profundo, sobre o qual ela havia colocado salmoura e algumas ervas medicinais.

— Meu Deus! O que foi isso? — perguntei, contorcendo o rosto.

— Isto aqui foi um favor que o Rômulo, aquele anjinho do inferno, me fez, três dias atrás! — disse ela, secamente.

— Como assim? — perguntei incrédula. — Fez sem querer?

— Sem querer? Então você acha que alguém se aproveita de quem está dormindo e lhe fura a barriga, sem querer?

— A senhora estava dormindo, quando ele fez isto?

— Foi o que eu lhe disse. Quando acordei, só vi o miserável sair correndo do quarto.

— Mas, por quê?

— Porque é o diabo em forma de gente! Porque tem ódio de tudo e de todos...

— A senhora tinha brigado com ele?

— Claro que tinha! Esse moleque não presta! Se não levar pelo menos uma surra por dia, não se emenda.

— Meu Deus! E onde ele está, agora?

— Não faço a menor ideia! Há três dias ele não põe o pé dentro desta casa. Deve estar escondido por aí, com medo de sofrer as consequências do que fez. Mas ele não perde por esperar!

Pedi permissão e inspecionei melhor o ferimento, que realmente estava com uma aparência muito feia.

— Desculpe, dona Nair, mas isto está muito infeccionado. A senhora não acha melhor ir a um médico?

— Não tem necessidade — assegurou.

— Isso pode dar uma gangrena, pode complicar muito. Com o que foi que ele lhe feriu?

Então, ela enfiou a mão embaixo do travesseiro e me mostrou o objeto com que o neto a havia ferido. Ao ver do que se tratava, minhas pernas amoleceram, senti engulhos no estômago e um amargor horrível na saliva.

Tratava-se do mesmo gancho enferrujado com o qual, anos antes, ela havia provocado o aborto do filho que eu estava esperando.

Fui embora dali confusa e muito preocupada. Antes, ainda voltei a insistir para que Nair fosse conosco para um hospital, mas ela se recusou terminantemente.

— Não vou a lugar algum, enquanto não der uma surra tremenda naquele miserável — rosnou ela, colocando um ponto final à conversa. — Ele precisa pagar pelo que fez.

Antes de me dirigir ao carro, onde meu irmão me esperava, dei uma volta pelos arredores, com o objetivo de localizar o menino, pois eu estava preocupada também com ele.

Chamei várias vezes por seu nome e, como não obtive resposta, decidi ir embora. Já estava me dirigindo ao carro quando, de repente, levei um grande susto. Rômulo apareceu do nada e, quando vi, estava de frente para mim, a uns cinco metros de distância, encarando-me com um olhar que sugeria ferocidade. Estava com a roupa rasgada, a pele toda recoberta de carvão, mostrando apenas o branco dos olhos. Respirava descontroladamente, como um animal muito cansado.

Tentei me manter calma. Afinal, era só uma criança.

— Olá, Rômulo! Você não quer ver os presentes que eu trouxe?

Só então me lembrei que havia deixado a sacola com os presentes no quarto de Nair. Mas a impressão que tive foi a de que ele nem tinha me ouvido. Continuou me olhando com aquele olhar estranho, como se estivesse diante de um inimigo.

— Rômulo... — insisti com voz trêmula e insegura.

Então, quando eu tive a impressão de que iria dizer alguma coisa, ele simplesmente deu um grito e saiu em disparada.

Com o coração aos saltos, corri para o carro e contei ao meu irmão o que havia se passado.

— Tudo isso é muito preocupante — disse ele.

E, realmente, fomos para casa bastante preocupados naquele dia.

A teimosia de Nair teve um custo muito alto. Os medicamentos caseiros não foram suficientes para evitar uma grave infecção, pois o ferimento não fora apenas superficial. Ela não percebeu, mas a ponta enferrujada do gancho havia perfurado o seu intestino.

Quando retornei lá, dias depois, e ela, ardendo em febre, finalmente admitiu a gravidade do ferimento, aceitando a ajuda que eu lhe oferecera para procurar auxílio profissional, já era tarde demais. Os médicos fizeram o que puderam, mas o tratamento não alcançou o resultado necessário.

Nair desencarnou em pouco tempo e a única coisa que lamentou foi o fato de morrer sem haver realizado o desejo de aplicar no neto a surra prometida, pois, desde que agredira a avó, o menino simplesmente desaparecera daquela região.

Mas, uma frase dita por ela nos instantes finais daquela encarnação, foi para mim uma agradável surpresa, e me deixou bastante aliviada:

— Já não tenho mais raiva de você — disse ela. — Acho que, no fundo, só continuava brigando por força do hábito.

E, pedindo que eu aproximasse o ouvido de sua boca, certamente para evitar que outros pudessem ouvir aquela inconfessável confidência, pediu num sussurro:

— Perdoa-me! Eu fui muito injusta com você!

Então, foi a minha vez de cochichar no ouvido dela, para, em segredo, selar o nosso acordo de paz:

— Eu perdoo a senhora, dona Nair, mas preciso também que a senhora me perdoe.

Ela me olhou surpreendida, como se perguntasse "perdoar você, pelo quê?".

E percebendo essa curiosidade no olhar de minha ex-sogra, antecipei-me:

— Não sei qual foi o mal que lhe fiz, dona Nair. Mas, tenho certeza de que, em algum momento da nossa história, eu fiz por merecer o seu ódio. Então, façamos assim: eu lhe perdoo e a senhora também me perdoa, está bem?

Nair acenou a cabeça num gesto afirmativo:

— Esses espíritas! — balbuciou, tentando sorrir. Mas o que fez foi uma careta de dor.

Aceitando a sugestão que me veio de súbito, aproveitei a emoção do momento para tentar a reconciliação entre ela e o neto.

— A senhora precisa perdoar também o Rômulo... — tentei argumentar.

Mas, ao ouvir o nome do menino, o semblante dela se fechou e o pouco de energia que lhe animava o organismo foi usado para um aceno negativo de cabeça. E, sem querer ouvir mais nada, Nair fechou os olhos e morreu.

Capítulo 28

Reabilitação

"O criminoso é tão vosso próximo quanto o melhor dentre os homens. Sua alma desgarrada e revoltada foi criada, como a vossa, para aperfeiçoar-se; ajudai-o, pois, a sair do lamaçal, e orai por ele."

O Evangelho segundo o Espiritismo – Cap. XI, item 14

Após a morte de Nair, os filhos que andavam sumidos reapareceram apenas para vender a propriedade e sumiram novamente. Ninguém quis saber o que havia acontecido ao menino que, possivelmente, eles nem conheciam.

Rômulo não foi responsabilizado pelo ferimento que provocou o óbito de sua avó, porque ela mesma fez questão de ocultar o fato, dizendo para os médicos que havia caído sobre um objeto pontiagudo.

Nair tinha esperanças de se recuperar e queria cobrar a agressão por conta própria. Quando percebeu que a morte era inevitável, concluiu, por fim, que não valeria a pena tocar no assunto, visto que sua ausência já seria um imenso castigo para o menino que, a partir de então, ficaria totalmente desprotegido.

De minha parte, achei que não caberia denunciar um crime que a própria vítima fez questão de ocultar. Mas fiquei muito apreensiva quanto ao destino do pequeno Rômulo. Deoclécio e eu andamos procurando por ele, buscando informações sobre o seu paradeiro, mas todas as tentativas de localizá-lo foram infrutíferas.

Assim, mais alguns anos se passaram. Deoclécio aposentou-se e pôde se dedicar mais integralmente ao nosso projeto social. Adquirimos um terreno ao lado da nossa casa e construímos um galpão, onde montamos uma grande cozinha e instalamos um salão com mesas e cadeiras, a fim de atender com mais conforto os nossos assistidos, que aumentavam cada vez mais.

Com o crescimento do projeto, o número de doadores também aumentou, de modo que conseguíamos tocá-lo sem grandes dificuldades. Arrebanhamos ainda alguns voluntários – quase todos companheiros de trabalho da cooperativa – para nos auxiliar nas tarefas de atendimento à população carente.

Eu continuava trabalhando com os meus artesanatos e, apesar de começar a sentir os primeiros sintomas da velhice que sutilmente ia chegando ao corpo físico, nem pensava em abandonar aqueles afazeres que me davam tanto prazer.

Uma noite em que servíamos jantar aos assistidos, um rapaz de compleição miúda, cabelo comprido, barba por fazer, e que demonstrava muito cansaço no semblante, aproximou-se da porta do galpão e perguntou se podia entrar. Ora, ali era um local de atendimento fraterno, um lar de todos, e nós o acolhemos com muita satisfação.

Meu irmão e eu também fazíamos nossas refeições noturnas no galpão. Naquele momento, ocupávamos uma das mesas que ficava um pouco distante de onde o rapazinho estava e eu não conseguia desviar meus olhos daquele rosto. Algo me dizia que não me era totalmente estranho. Então, forçando bem a memória, tive a impressão de ter me lembrado quem era ele.

— Deoclécio, tenho quase certeza de que este rapazinho é o Rômulo — comentei com meu irmão.

Deoclécio franziu o cenho.

— Será?

— Bom, ele está diferente, mas já se passou muito tempo desde que o vi pela última vez. Não sei por que estou achando isto... Talvez seja instintivo, mas eu acho que é ele mesmo.

— Quer que eu pergunte?

— É melhor não. Se for o Rômulo, ele pode se sentir acuado. Pode achar que vamos denunciá-lo por causa da morte da avó.

— É, você tem razão — concordou Deoclécio. — Além do mais, a verdadeira caridade *"tudo suporta, em tudo crê, tudo espera, tudo sofre"*, como disse São Paulo.

Sorrimos, diante da frase lembrada pelo meu irmão, e não voltamos a tocar no assunto.

Logo após terminar a refeição, o rapazinho foi embora sem conversar com ninguém. Eu procurei não pensar mais naquilo, mas sua presença havia me causado uma grande inquietação.

Quando fui dormir, não consegui conciliar o sono e tive sonhos estranhos, onde se misturavam cenas envolvendo Amaro, Nair e o pequenino Rômulo com aquela mesma aparência com que eu o vira pela última vez: a pele negra pelo carvão, a roupa em trapos, os olhos agressivos...

Quando, finalmente o dia amanheceu, eu estava convencida de que aquele rapaz era mesmo o Rômulo.

Duas noites depois, ele apareceu novamente no Galpão da Fraternidade. Dessa vez não pediu para entrar, apenas se juntou ao grupo que estava sendo servido e comeu avidamente a sua comida.

Quando estava se retirando, passou por mim, que me encontrava sozinha numa das mesas, e me lançou um olhar que sugeria gratidão. Deoclécio não se encontrava comigo naquela noite, pois estava sem apetite e ficara em casa.

Pensei em chamar o moço para conversar, mas ele saiu rapidamente, não me permitindo interceptá-lo.

Sua presença se tornou assídua, assim como a de tantas outras pessoas que frequentavam o nosso galpão, em busca de comida e roupas. A diferença era que aquele rapaz entrava e saía sem falar com ninguém. Apenas para mim lançava um breve olhar, antes de se retirar, mas não me dava a menor chance de me aproximar dele.

Mas houve uma noite, em que eu, novamente desacompanhada de Deoclécio, tive uma agradável surpresa. O rapazinho, munido do seu prato de comida, sem que eu o chamasse, pediu permissão para se sentar ao meu lado.

— É claro que permito! — respondi sorrindo.

Ele se sentou e, calado, começou a comer. Observei-o de relance, evitando encará-lo para não causar constrangimento. Mas a minha curiosidade falou mais alto e não pude evitar de inquirir:

— Você é desta região, meu filho?

Ele respondeu com um aceno negativo, sem erguer a cabeça.

— Vim de muito longe, dona! — disse simplesmente.

— Onde você mora?

— Por aí...

— Não tem casa?

— Não, senhora.

— E trabalho?

— Também não.

Percebi que suas roupas estavam muito gastas e sujas. Então, antes que terminasse de comer, apanhei umas roupas melhores e dei a ele. Foi a primeira vez que o vi sorrir. Mas era um sorriso que denotava mais tristeza que alegria.

— Deus lhe pague! — disse-me. E foi embora abraçado ao pacote de roupas.

Naquela noite, eu e Deoclécio voltamos a conversar sobre ele e decidimos fazer-lhe uma proposta.

No dia seguinte, quando apareceu no galpão, nós o convidamos para ir à nossa casa e ele, embora titubeante, acabou aceitando. Sentamo-nos à mesa e eu tomei a iniciativa.

— Gostaria muito que você confiasse em nós — disse-lhe com muita sinceridade. — Nós queremos e podemos lhe ajudar, mas precisamos que você seja sincero conosco.

Ele ficou ouvindo em silêncio, cabisbaixo, e eu prossegui:

— Não há motivo para você ter medo, pois nós não somos delatores. Ao contrário, estamos aqui para ajudar as pessoas e não para condená-las.

Nesse momento, ele ergueu um pouco a cabeça e me olhou furtivamente, como se já soubesse o que eu iria dizer a seguir.

— Eu sei que você é o Rômulo, filho do Amaro e neto da dona Nair — completei.

O rapazinho pareceu levar um susto e ameaçou se levantar, mas Deoclécio, que estava estrategicamente ao lado dele, apoiou com brandura a mão em seu ombro e falou:

— Calma, meu filho! Não estamos aqui para julgar os seus atos. Confie em nós!

Então, ele voltou a baixar a cabeça e começou a chorar. Aproximei-me dele e o abracei, suavemente, esperando que se acalmasse. Ele tremia muito.

— Você não quer nos contar o que aconteceu? — perguntei.

E ele ainda permaneceu em silêncio por um tempo. Depois começou a falar:

— A senhora tem razão. Eu sou o Rômulo e não há um só dia que não me arrependa do que fiz. Depois da morte da minha avó, a minha vida virou um inferno! Tenho andado por aí feito um mendigo e só Deus sabe o que tenho passado. É frio, é fome, é humilhação... Só não acabei ainda com a minha vida, porque me faltou coragem.

Eu e Deoclécio nos entreolhamos penalizados com aquele depoimento. Entendemos que Rômulo estava sendo sincero. Ele prosseguiu:

— Há dois anos, fui confundido com um ladrão. Fui preso e me agrediram muito na prisão. Depois, quando prenderam o verdadeiro culpado, simplesmente me jogaram na rua e me mandaram desaparecer. Andei a esmo, sem um destino certo. Tentei conseguir trabalho, mas ninguém confia num ex-detento. Cansado de perambular por aí, acabei indo parar na antiga casa da minha avó. Não sei o que me levou a fazer isto, acho que foi a saudade... A família que comprou a propriedade me hospedou por um tempo, mas depois disse que não podia continuar me sustentando. Foram eles que me sugeriram vir para cá, em busca de ajuda.

Rômulo falava entre soluços, secando as lágrimas com as costas das mãos.

— Naquela primeira noite que fui ao galpão e vi a senhora, quase desisti. Fiquei com medo da sua reação, porque sei que a minha avó contou o que eu fiz com ela. Mas eu estava com muita fome e resolvi arriscar. Como a senhora pareceu não ter me reconhecido, eu perdi o medo.

— Mas, naquele outro dia, foi você que pediu para sentar comigo. — lembrei-o.

— Não sei o que me deu. Senti vontade de me aproximar... A senhora sempre me pareceu ser uma boa pessoa...

Abracei mais firmemente o rapazinho e ele, finalmente, correspondeu ao meu abraço. Depois disse que ia embora, mas que voltaria no dia seguinte.

— Vai para onde? — perguntou Deoclécio.

— Tenho um lugarzinho para dormir, numa praça que fica aqui perto.

— Você não quer dormir no galpão? — perguntei.

Ele nos olhou desconcertado, sem saber se deveria aceitar o convite.

— Está resolvido — disse Deoclécio. — Esta noite você dorme no galpão, e amanhã decidimos o que fazer.

No dia seguinte, Deoclécio foi à antiga residência de Nair, e os novos moradores da casa confirmaram a história que Rômulo havia nos contado. Disseram que ele tinha chegado lá muito maltratado e que a notícia de que havia sido preso injustamente fora confirmada por um parente que era escrivão de polícia. Foi por causa dessa informação que a família, mais tranquilizada, decidiu acolhê-lo por um tempo, evitando assim que ele morresse desnutrido.

Naquele mesmo dia, oferecemos trabalho para Rômulo no projeto social que desenvolvíamos. Dissemos que ele não receberia salário inicialmente, mas que poderia comer à vontade e ficaria hospedado no Galpão da Fraternidade.

O rapaz demonstrou uma alegria muito grande e acabou se tornando um dedicado trabalhador da causa. Mostrou-se responsável, obediente e, em pouco tempo, conquistou a simpatia de todos.

À medida que fomos nos conhecendo melhor, Rômulo foi conquistando a nossa confiança e um profundo e sincero sentimento de amizade acabou nos unindo de modo espetacular. Depois de algum tempo, ele foi contratado para trabalhar na cooperativa e, também ali, demonstrou muito comprometimento e dedicação. As agruras que enfrentou na vida haviam moldado nele um ser humano humilde e responsável.

Rômulo, que mal aprendera a ler, acabou se interessando imensamente pela Doutrina Espírita e, praticamente, terminou se alfabetizando ao realizar as leituras dos livros da Codificação, que mantínhamos em nossa casa. À medida que eu e Deoclécio envelhecíamos, ele foi se tornando uma espécie de anjo protetor encarnado, que nos auxiliava em todas as nossas necessidades. E nós retribuíamos, oferecendo a ele o amor que até então a vida lhe negara.

Naturalmente, Rômulo ainda possuía muitos débitos morais que precisariam ser quitados em futuras encarnações. Muita falta precisava ser expiada, mas sua convivência naquele ambiente, onde imperavam as leis do Evangelho, o amor fraterno e a caridade para com o próximo, arrefeceram os últimos resquícios de maldade cultivados em seu coração.

Por outro lado, Nair, que após o desencarne tornara-se um obsessor cruel do próprio neto, também acabou mudando o seu modo de agir. Em parte, por se conscientizar de que também ela tinha débitos para com ele; em parte, por acompanhar o crescimento moral de Rômulo, ao se arrepender sinceramente do crime praticado e se tornar um dedicado trabalhador do bem.

A convivência com Rômulo foi a melhor experiência que eu tive no crepúsculo de minha vida. Mais uma vez, deixando-me levar pelo bom senso e pelas orientações que recebia de meu Espírito protetor, por meio de inspirações benfazejas, eu conseguia me reconciliar com outro adversário do passado.

Capítulo 29

Epílogo

"O Espiritismo realiza o que Jesus disse do consolador prometido: conhecimento das coisas, que faz com que o homem saiba de onde vem, aonde vai e porque está na Terra; um chamamento aos verdadeiros princípios da lei de Deus, e consolação pela fé e a esperança."

O Evangelho segundo o Espiritismo – Cap. VI, item 4

Houve um dia em que acordei sentindo umas dores abdominais muito fortes e não consegui sequer sair da cama. Deoclécio que, apesar de ser mais velho que eu, possuía melhor saúde, pediu ajuda a Rômulo e os dois me levaram ao hospital, onde fui internada com várias complicações físicas.

Sofri um doloroso e lento processo de expiação. Experimentava dores que, no passado, havia infligido aos outros, principalmente a Teodoro, quando, no corpo de Adélia, eu o havia envenenado. Ciente de que nenhum sofrimento é em vão, submeti-me a ele com resignação, mas ficava com o coração partido ao ver Deoclécio e Rômulo condoídos de minha dor.

Rômulo, sempre atencioso, não se desgrudou de minha cabeceira, cuidando de mim como um filho zeloso e dedicado. Deoclécio também quis permanecer ao meu lado, mas pedi a ele que não abandonasse o Galpão da Fraternidade por minha causa. Então, ele se revezava cuidando dos nossos assistidos e me dispensando todo o tempo que podia.

Após longo período de um sofrimento físico indescritível, acabei desencarnando num dos poucos momentos em que me encontrava sozinha no leito hospitalar.

Aos poucos, as dores foram cessando, tive a sensação de que meu corpo foi se tornando leve e uma sonolência incontrolável dominou-me por inteiro.

Não sei quanto tempo durou aquele estado de entorpecimento, mas, quando acordei, estava aqui, nesta colônia espiritual, cercada de carinhos e cuidados.

A primeira pessoa que vi foi o homem com quem havia sonhado tantas vezes; o anjo maravilhoso que havia conduzido os meus passos, orientando-me, inspirando-me e me amparando nos momentos mais difíceis da vida.

Era Francisco, o meu grande amor que ali estava, para me recepcionar, com aquele sincero e legítimo sentimento que há tanto tempo me devota.

— Seja muito bem-vinda, minha querida! — disse-me ele, com um sorriso iluminado em seu rosto.

E, desta vez, a sensação que experimentei ao encará-lo foi bem outra, muito diferente da anterior. Não me senti constrangida em sua presença. Apenas sorri emocionada e perguntei, com voz ainda cansada pelo desgaste da passagem:

— Fiz a coisa certa desta vez?

Ele se aproximou. Tomou minhas mãos, beijou-as e exclamou:

— Sim, meu amor! Do jeitinho que havíamos combinado! E eu estou muito feliz por você!

Elevei meu pensamento a Deus e, com os olhos banhados por lágrimas de profunda gratidão, dei graças pela oportunidade do crescimento moral que Ele generosamente havia me concedido.

Oh, quanta graça a verdadeira caridade nos concede! Quando a praticamos, costumamos achar que estamos simplesmente beneficiando ao nosso próximo. Mas, definitivamente, aquele que pratica a caridade é muito mais recompensado que aquele que a recebe.

Sei que a vida segue em frente. Sei que estou apenas dando os meus primeiros passos nessa difícil jornada evolutiva, mas me sinto bem mais preparada, pois aprendi finalmente o caminho das pedras: "Amar a Deus sobre todas as coisas e ao próximo como a mim mesma!"

É assim que pretendo fazer daqui por diante, pois é desse modo que nos livramos das cicatrizes que nós mesmos provocamos em nossa alma.

Que Deus nos ilumine e abençoe os nossos passos!

Fim

HISTÓRIA DA EVOLUÇÃO ESPIRITUAL DA HUMANIDADE - **TRILOGIA**

Os Exilados da Capela
Edgard Armond
14x21 cm | 192 Pág.

A formação e evolução das raças no planeta Terra. Obra extraordinária que cuida das grandes indagações dos homens acerca do início da humanidade.

Na Cortina do Tempo
Edgard Armond
14x21 cm | 128 Pág.

Sobreviventes salvos da Atlântida preservam seus conhecimentos destinados à posteridade.

Almas Afins
Edgard Armond
14x21 cm | 160 Pág.

A trajetória de Espíritos afins desde a submersa Lemúria até os dias atuais.

OBRAS SOBRE **MEDIUNIDADE**

Mediunidade
Edgard Armond
14x21 cm | 288 Pág.

Um tratado completo sobre a faculdade mediúnica, abordando seus aspectos, desenvolvimento e utilização.

Passes e Radiações
Edgard Armond
14x21 cm | 176 Pág.

Métodos espíritas de cura e tratamento espiritual. Dinâmica dos movimentos do passe padronizado e suas aplicações.

Métodos Espíritas de Cura
Edgard Armond
14x21 cm | 128 Pág.

O funcionamento da mente e repercussões espirituais. Definição e classificação física das cores e sua identificação nas auras.

Relembrando o Passado
Edgard Armond
14x21 cm | 160 Pág.

Experiências marcantes de trinta anos de trabalho espiritual em contato com o sofrimento nos planos espiritual e físico.

Desenvolvimento Mediúnico
Edgard Armond
14x21 cm | 88 Pág.

Um roteiro perfeito para o bom funcionamento da mediunidade. Aplicações dirigidas ao treinamento de novos médiuns.

Prática Mediúnica
Edgard Armond
14x21 cm | 256 Pág.

A realidade da prática mediúnica. Evolução de pesquisas e descrição dos trabalhos de assistência espiritual.

ROMANCES MEDIÚNICOS

Antes... e Depois...
Marcial Jardim/Álvaro
14x21 cm | 288 Pág.

Fugimos às leis dos homens, mas não escapamos da aplicação das Leis divinas!

O Pequeno Médium
Roberto de Carvalho/Basílio
14x21 cm | 224 Pág.

Um menino médium, com o auxílio do Alto, consegue evitar que uma grande injustiça seja cometida no vilarejo onde vive.

Na Trilha do Passado
Roberto de Carvalho/Basílio
14x21 cm | 256 Pág.

Um Espírito reencarna com o objetivo de resgatar as faltas da encarnação anterior. Mostra que a vida é constituída por uma única trilha.

Sem o Véu das Ilusões
Roberto de Carvalho/Basílio
14x21 cm | 256 Pág.

Descubra porque o Espiritismo é tão contrário ao suicídio, este gesto de desespero que amplia o peso das nossas expiações.

Reviver por Amor
Cláudia Marum /Rodolpho
14x21 cm | 224 Pág.

Quando a vida parece não fazer mais sentido, eis que um grande amor pode nos auxiliar a revivê-la.

Não te Canses de Amar
Cláudia Marum/Elias
14x21 cm | 288 Pág.

Gisele, César e Murilo recebem a oportunidade de reconstruir o que destruíram em vidas passadas.

ROMANCES MEDIÚNICOS

Desencanto
Dario Sandri Jr./Fénelon
14x21 cm | 288 Pág.

Laura é uma jovem italiana do século XIX que segue seus sonhos em um mundo convulsionado por graves mudanças sociais e políticas.

As Nódoas da Honra
Dario Sandri Jr./Fénelon
14x21 cm | 448 Pág.

Personagens que vivenciaram os dramas da 1ª Guerra Mundial, mostrando que nas guerras não existem vencedores.

Atareve
Dario Sandri Jr./Fénelon
14x21 cm | 384 Pág.

Império Romano: Palco de paixões em amadurecimento. Conflitos entre o poder e a justiça, num cenário de fanatismo e esperança.

Do Outro Lado da Cruz
Dario Sandri Jr./Fénelon
14x21 cm | 400 Pág.

A luta de um homem, com todas as suas dúvidas, descrenças e indagações quanto ao verdadeiro sentido da vida.

Uma Questão de Tempo...
Marcial Jardim/Álvaro
14x21 cm | 256 Pág.

Relato das experiências vividas por um mesmo grupo de pessoas, em três épocas distintas, no Brasil e na Itália.

Resgatando Almas
Marcial Jardim/Álvaro
14x21 cm | 288 Pág.

Inquisidores do passado procuram saldar os débitos contraídos, reparando atitudes que fizeram algumas almas se afastarem de Deus.